职业教育电子商务专业系列教材

ZHIYE JIAOYU DIANZI SHANGWU ZHUANYE XILIE JIAOCAI

电商企业文化

主　编 / 邓卓建

副主编 / 英　俊　林艺丹

参　编 /（排序不分先后）

陈森玲　黄文苑　曾淑文　林丽清

张国兰　陈晓英　何嘉茵　林冰钿

陈　玫　陈　亮

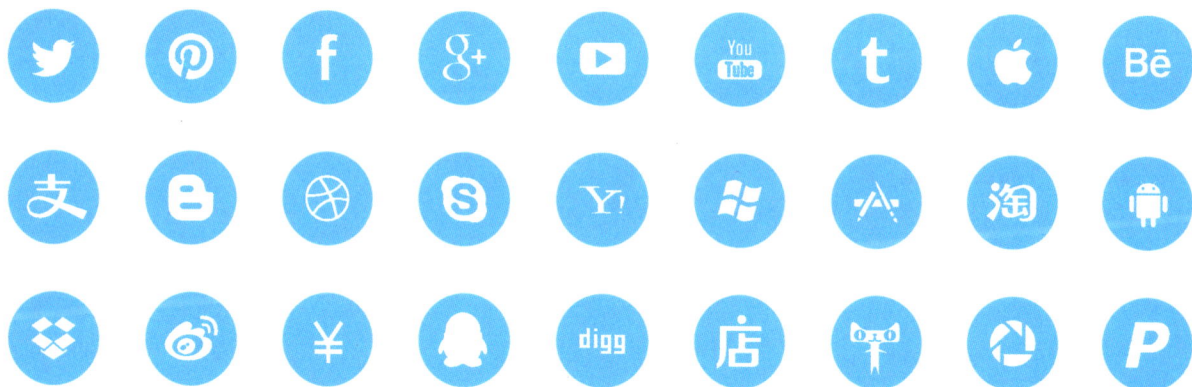

重庆大学出版社

图书在版编目（CIP）数据

电商企业文化 / 邓卓建主编. --重庆：
重庆大学出版社, 2021.7
职业教育电子商务专业系列教材
ISBN 978-7-5689-2609-6

Ⅰ.①新… Ⅱ.①邓… Ⅲ.①电子商务—商业企业—
企业文化—职业教育—教材　Ⅳ.①F713.36

中国版本图书馆CIP数据核字（2021）第047531号

职业教育电子商务专业系列教材

电商企业文化

DIANSHANG QIYE WENHUA

主　编　邓卓建

副主编　英　俊　林艺丹

策划编辑：王海琼

特约编辑：何俊峰

责任编辑：李桂英　　　　　版式设计：王海琼

责任校对：关德强　　　　　责任印制：张　策

*

重庆大学出版社出版发行

出版人：饶帮华

社址：重庆市沙坪坝区大学城西路21号

邮编：401331

电话：（023）88617190　88617185（中小学）

传真：（023）88617186　88617166

网址：http://www.cqup.com.cn

邮箱：fxk@cqup.com.cn（营销中心）

全国新华书店经销

重庆俊蒲印务有限公司印刷

*

开本：787mm×1092mm　　1/16　　印张：10.75 字数：222 千

2021年7月第1版　　2021年7月第1次印刷

ISBN 978-7-5689-2609-6　　　　定价：39.00元

前言 /Preface

《电商企业文化》是一本职业院校电子商务专业人才培养不可缺少的教材。它以构建全员、全程、全课程育人格局的形式使本教材与思想政治理论课同向同行，把立德树人作为教育根本任务，抓住电子商务企业文化课程的核心环节，充分发挥电子商务企业文化教学在育人中的主渠道作用，着力将思想政治教育贯穿于教材编写的全过程，将教书育人落实于电子商务企业文化教学的主渠道之中，进一步加强和改进职业院校学生的思想道德建设和思想政治教育工作。它针对目前电子商务的发展趋势，贴紧时代脉搏，阐述了国内外电子商务企业文化的特点，如从事电子商务工作必须具备的素养、能力和精神面貌，各个电子商务企业所独具的企业文化。本书结合电子商务人才就业、创业，提出了一系列的行业道德和职业要求。同时全面介绍了电子商务团队建设的相关知识，提出了电子商务企业的文化特点和发展方向，研究电子商务企业发展的重要因素：团队、沟通、匠心、激励、创新机制等，特别符合高技能型人才培养的需要。

本书总共由6个项目组成，项目一由邓卓建、黄文苑编写；项目二由林丽清、张国兰编写；项目三由陈晓英、何嘉茵编写；项目四由林艺丹、林冰钿编写；项目五由陈玫、陈亮编写；项目六由曾淑文、陈森玲编写。全书由邓卓建担任主编并负责统稿，英俊负责全书的相片拍摄及后期制作。

本书内容理论联系实践，图文并茂、深入浅出。本书在编写过程中得到亚洲陶瓷有限公司、家商城有限公司、莱司依服饰（网络科技）有限公司、广州市迅拍文化传媒有限公司的大力支持，并提出宝贵意见，充分体现了校企合作、工学结合理实一体化，任务引领和项目组织等当今最新课改成果的核心思想。本书可作为职业院校电子商务专业学生所必须具备的能力和素养的教材，也可作为电子商务企业的培训教材，还可供电子商务创业者阅读参考。

本书配套资源包括电子课件、电子教案等内容，可在重庆大学出版社的资源网站（www.cqup.com.cn）上下载。

由于编者时间有限，书中难免有疏漏，敬请广大读者批评指正。

编者

2021年1月

编写人员名单

主　编　邓卓建　广东省对外贸易职业技术学校

副主编　英　俊　广州市迅拍文化传媒有限公司

　　　　林艺丹　广东省对外贸易职业技术学校

参　编　（排名不分先后）

　　　　陈森玲　广东省外语艺术职业学院

　　　　黄文苑　广东省财经职业技术学校

　　　　曾淑文　广东省对外贸易职业技术学校

　　　　林丽清　广东省对外贸易职业技术学校

　　　　张国兰　开平市机电中等职业技术学校

　　　　陈晓英　广东省科技职业技术学校

　　　　何嘉茵　广东省科技职业技术学校

　　　　林冰钿　汕头市澄海职业技术学校

　　　　陈　玫　广东省对外贸易职业技术学校

　　　　陈　亮　清远市技师学院

项目一
电商企业文化概论

【项目综述】

本项目主要学习电商企业文化的概念和基本理论,掌握电商企业文化的特征、类型和作用,了解电商企业文化在企业发展中的作用,初步学会运用所学知识去认识现代企业,培养学生认识企业文化的内涵的能力,树立正确的意识,为以后的学习打下坚实的基础。本项目是整个教学内容的起点,好的起点是成功的一半,因此,尽量用鲜活的案例来吸引学生热爱电商企业文化。

【项目目标】

知识目标

◇掌握电商企业文化的含义。

◇了解电商企业文化的基本理论,知道企业文化的特征、意义和作用。

◇了解电商企业文化在现代企业发展中的作用和地位。

技能目标

◇掌握如何在现代企业中构建电商企业文化制度。

◇掌握如何在现代企业中形成电商企业文化制度。

◇掌握如何在现代企业管理中运用电商企业文化。

情感目标

◇培养学生敬业爱岗的精神,初步制订自身的发展目标。

◇提升团队士气,培养勇争第一的习惯。

◇爱上自己的企业,树立专业意识。

◇学好专业知识,设计自身的发展目标。

【项目任务】

任务一　认识电商企业文化的内涵

任务二　了解电商企业文化在企业发展中的作用

任务一 >>>>>>>
认识电商企业文化的内涵

一、情景设计

小君毕业后到某电商企业工作，她工作勤勤恳恳、任劳任怨，遵守公司的各项制度，严格遵守作息时间。但是，她性格内向，很少跟同事说话，下班后就直接回家，两年了，从没评上优秀员工。企业领导跟她谈心，要她注意跟同事、客户沟通，融入公司的企业文化。小君提出了自己的疑惑：企业文化是什么？是指企业对员工的文化素质的要求，还是指企业的文化生活？

二、任务分解

为了让项目团队成员对企业文化的作用有一定的了解，老师指导项目团队成员通过开展各种拓展活动进行企业案例分析，让团队成员了解电商企业文化的内涵。

活动一　认识电商企业文化

活动背景

> 阿里巴巴集团控股有限公司是中国最大的互联网公司之一，其独特的企业文化是阿里巴巴集团超速成长的基石。我们通过认识阿里巴巴集团，总结出其企业文化。

活动实施

🎤 说一说

（1）你知道阿里巴巴集团的创始人是谁吗？

（2）阅读以下内容，说一说你对阿里巴巴集团的认识。

阿里巴巴集团简介：创始人马云，男，汉族，中共党员，1964年9月10日生于浙江省杭州市，祖籍浙江省嵊州市谷来镇，阿里巴巴集团主要创始人，阿里巴巴集团董事局主席、日本软银董事、大自然保护协会中国理事会主席兼全球董事会成员、华谊兄弟传媒股份有限公司董事、生命科学突破奖基金会董事、联合国数字合作高级别小组联合主席。

公司业务模式：已经形成了一个通过自有电商平台沉积以及UC、高德地图、企业微博等端口导流，围绕电商核心业务及支撑电商体系的金融业务，以及配套的本地生活服务、健康医疗等，包括游戏、视频、音乐等泛娱乐业务和智能终端业务的完整商业生态圈。这一商业生态圈的核心是数据及流量共享，基础是营销服务及云服务，有效数据的整合抓手是支付宝。

使命：让天下没有难做的生意。

愿景：旨在构建未来的商务生态系统，让客户相会、工作和生活在阿里巴巴。

价值观：客户第一；拥抱变化。

团队合作：激情；诚信；敬业。（图 1-1-1）

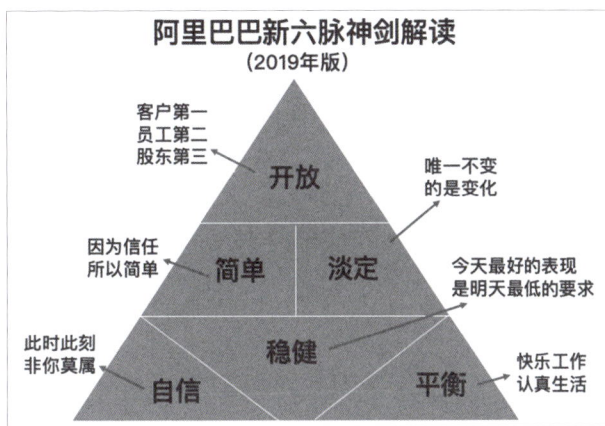

图 1-1-1

✏️ 做一做

写出阿里巴巴的文化观念、历史传统、共同价值准则、道德规范和生活观念。

文化观念	
历史传统	
共同价值准则	
道德规范	
生活观念	

🔲 知识窗

现代企业

现代企业是一个以盈利为目的、使用现代企业管理制度的经济实体，它从事经济活动，生产出各种有形产品和提供各种无形服务，为社会创造财富。现代企业文化制度以市场经济为基础，以企业法人制度为主体，以有限责任制度为核心，产权清晰、权责明确、政企分开、管理科学。

电商企业文化

电商企业文化就是指企业将自己内部的各种向上、合理、科学的思想统一形成的某种文化观念、历史传统、共同价值准则、道德规范和生活观念等，以增强企业员工对自己企业的认同，保持积极向上的心态，提升内聚力、向心力和持久力的意识形态，从而给企业管理添上血肉，赋予它们生命，形成企业的特色。

活动二　认识某中职学校电子商务专业部的专业文化

活动背景

> 某中职学校电子商务专业部教师正在进行头脑风暴，原来他们是为了提炼出自己独特的专业文化。我们一起来了解他们的专业文化。

✎ 做一做

某中职学校电子商务专业部的专业文化有三个关键词：匠心、团队、正能量。用你自己的话说出这三个关键词的内涵。（图1-1-2）

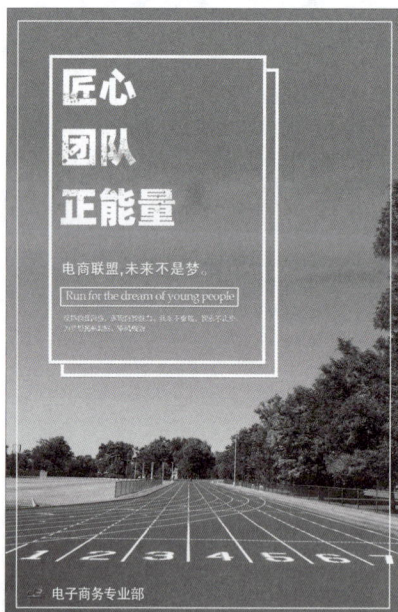

图1-1-2

匠心	
团队	
正能量	

🎤 说一说

> 说出你所在学校电子商务专业文化，用至少三个关键词来概括，并说说专业文化对你有什么影响。

📖 读一读

企业文化以人为本，尊重人的感情，从而在企业中营造团结友爱、相互信任的和睦氛围，强化了团体意识，使企业与职工之间形成强大的凝聚力和向心力。共同的价值观使每个职工都感到自己存在的价值，自我价值的实现是一种人类最高精神需求的满足，这种满足可形成强大的激励，用自己的实际行动去维护企业的荣誉和形象。

📖 知识窗

认识电商企业文化的意义

（1）能激发员工的使命感。企业文化能增强员工的使命感，企业使命感是全体员工工作的目标和方向，是企业不断发展或前进的动力之源。

（2）能凝聚员工的归属感。企业文化通过企业价值观的提炼和传播，统一思想，让员工朝着一个共同目标而努力。

（3）能加强员工的责任感。企业文化就是加强员工的责任感，灌输其责任意识、危机意识和团队意识，让大家清楚地认识到企业是全体员工共同的企业。

（4）能赋予员工荣誉感。每个人都要在自己的工作岗位、工作领域多做贡献，多出成绩，多追求荣誉感。

（5）能实现员工的成就感。企业文化强调员工的成就感，让每个员工都可以在自己的工作岗位上取得成绩，追求卓越。（图1-1-3）

图 1-1-3

活动三　认识电商企业文化的特征

活动背景

为让同学们进一步认识电商企业文化的特征，老师让同学们模拟随机抽签成立团队，组建模拟公司，并确定公司企业文化。

活动实施

★玩一玩★

随机抽签成立团队，并确定公司企业文化。

活动前准备：老师预先用 A4 纸打印好十二生肖里的 8 种生肖的图片：猴、牛、鼠、猪、虎、龙、马、兔，把每一个生肖的图片裁剪成八等份。

活动步骤 1：全班同学轮流抽签，按生肖图片完成生肖拼图组成队伍，并登记自己抽到的生肖属相。

活动步骤 2：抽到同一生肖的同学为同一团队成员，全班同学随机分成 8 个团队。

活动步骤 3：要求同一团队的同学完成以下任务。

●确定自己团队公司的名字；

●确定团队的口号、LOGO；

●确定团队的老板，确定每个人的分工；

●初步确定本团队的文化；

●共同制作本团队的专栏。（图 1-1-4）

图 1-1-4

□ 知识窗

电商企业文化的特征

（1）电商企业文化要与企业的经济环境、政治环境、文化环境以及社区环境相融合。

（2）电商企业文化以人为本，强调在企业管理中要理解人、尊重人、关心人。

（3）电商企业文化在继承中创新，随企业环境和国内外市场的变化而改革发展，追求成效，追求创新。

※ 活动评价 ※

学习了电商企业文化的内涵，懂得了电商企业文化的表现形式，并初步接触了各电商企业、专业的文化，可以让学生融入电商，走进职业，树立牢固的职业思想，形成正确的人生观，学会与人相处、沟通，理解人、尊重人、关心人。

三、经典案例

MINISO 名创优品股份有限公司

MINISO 名创优品股份有限公司成立于 2009 年 8 月 12 日。MINISO 名创优品一直倡导优质生活理念， MINISO 名创优品在亚洲地区正式营业的店铺达数百家。MINISO 名创优品每七天上一批炫酷新款，走低价新锐路线，定价快时尚休闲百货连锁。它的品牌精神是尊重消费者。MINISO 名创优品奉行简约、自然、富质感的生活哲学，设计制造"货真价实"的商品，在商品开发的同时兼顾有关地球资源、环境、回收等问题，真正做到回归自然，还原产品本质。（图 1-1-5）

MINISO 名创优品不只是品牌，更是一种生活方式。它不会刻意强调流行时尚或个性， 也不赞同受欢迎的品牌就要提高价格，相反， MINISO 名创优品是从未来的消费观点来开发商品，那就是 —— 还原产品本质，退去浮华， 回归本真。MINISO 名创优品让生活用品拥有丰富种类的同时，也兼顾价格的合理性；像指南针一样，指向生活中基本和平实的方位，提供简单好用的生活优品。其产品特色是：优质、创意、低价。

图 1-1-5

家商城

家商城成立于 2011 年 2 月 28 日，创始人是冷亚伟。家商城是中国高品质家居用品购物网站，主营收纳防潮用品、床上用品、沙发垫、毛巾、浴巾、桌布、桌旗、厨房用品、浴室用品等家居用品。家商场是以"家"为主题，围绕用户"家"需求整合资源的购物网站。其产品讲求高品质，致力于高质量的用户体验，利用互联网的便利，向国内用户提供物美价廉的家居商品。家商城是一家以校企合作为主题的电子商务公司，致力推动校企合作的互联网公司，致力于成为"小而特，小而精，小而美"的产品型公司；目前拥有高端制造型工厂，为全球高端品牌提供设计生产服务。它拥有超过 100 多项的全球外观专利，获得了无数媒体关注；它拥有 Anonsuo 阿隆索蓝牙音箱品牌，为全球超过 200 个国家和地区的经销商提供现货服务，通过校企合作成功培育了很多高技能、高素质人才。

家商城公司企业文化：

做正确的事，不做容易的事。

先做六十分，再做一百分。

想到说到，不如做到。（图 1-1-6、图 1-1-7）

图 1-1-6

图 1-1-7

四、企业文化墙

（1）令旗一竖，三军奋勇争先；令旗一放，三军撤退阵脚不乱。（图1-1-8）

（2）我们要竖起一面大旗，在旗帜上明确地写着我们要干什么、我们打算怎么干。（图1-1-9）

（3）愿意和我们一起干的，就请站到旗下来，不愿意和我们一起干的，就请你站得远一点。（图1-1-10）

![图1-1-8]	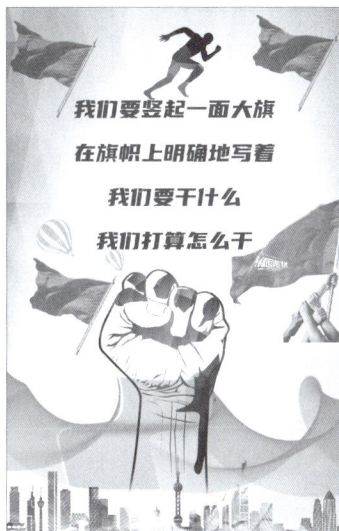	
图1-1-8	图1-1-9	图1-1-10

五、训练计划

21世纪是一个知识经济的时代，越来越看重团队成员的合作能力。作为企业的员工，要想取得成绩，发挥以一当十的干劲还不够，还必须提高团队合作能力，使整个团队发挥更大的作用。

团队协作模式对个人素质有较高的要求，成员除应具备扎实的专业知识外，还要有优秀的团队合作能力，这种合作能力有时比专业知识更重要。

一个人靠一种精神力量生存和发展，因他的理念决定他的生存状态。一家企业也是如此，无数人的个人精神融会成共同的团队精神：这是企业兴旺的开始。（表1-1-1）

表1-1-1

电商企业文化训练计划		
第1周	概论	组建团队
第2周	概论	团队分工
第3周	团队建设	团队合作完成任务

续表

电商企业文化训练计划		
第4周	团队建设	加强团队建设
第5周	团队建设	认识我们的团队
第6周	团队建设	团队要消除负能量
第7周	沟通	认识沟通
第8周	沟通	认识沟通的重要性
第9周	沟通	如何提高沟通的效果
第10周	沟通	沟通技巧训练
第11周	匠心	认识匠心的内涵
第12周	匠心	认识匠心的外部特征
第13周	匠心	培养匠心精神
第14周	激励	认识激励的内涵
第15周	激励	认识激励的外部特征
第16周	激励	如何建立激励机制
第17周	创新	认识创新的内涵
第18周	创新	认识创新机制
第19周	创新	如何培养创新思维
第20周	总结	电商企业文化展示

任务二 〉〉〉〉〉〉〉〉
了解电商企业文化在企业发展中的作用

一、情景设计

小龙毕业后到一家公司工作，在新的岗位，小龙的领导要求他每天上班保持微笑，与每个部门的人多沟通。公司老板还不时组织拓展活动，要大家组团队，团结协助，通力合作，战胜困难。小龙疑惑了，企业的员工不是天天趴在桌上工作，浪费这么多的时间，花那么多的钱，组织这些活动，有用吗？

思考：电商企业文化在企业发展过程中起什么作用？

二、任务分解

为了让项目团队成员对企业文化的作用有一定了解，老师指导项目团队成员通过开展各种拓展活动进行企业案例分析，让成员了解电商企业文化在企业发展中的作用。

活动一　电商企业文化的作用

活动背景

｜教师给上节课组建的8个团队布置工作任务，确定团队里每个人的分工和工作范畴。

活动实施

📖 读一读

电商企业文化能使企业员工之间形成强大的凝聚力和向心力。电商企业文化注重营造团结友爱、相互信任的和谐气氛，强化团体意识，共同的价值观形成了共同的目标和理想。员工把企业看成命运共同体，企业把员工看成实现共同目标的重要组成部分，它以人为本，尊重个人，实现企业与员工之间的调试融合。企业员工步调一致，形成统一的整体。（图 1-2-1）

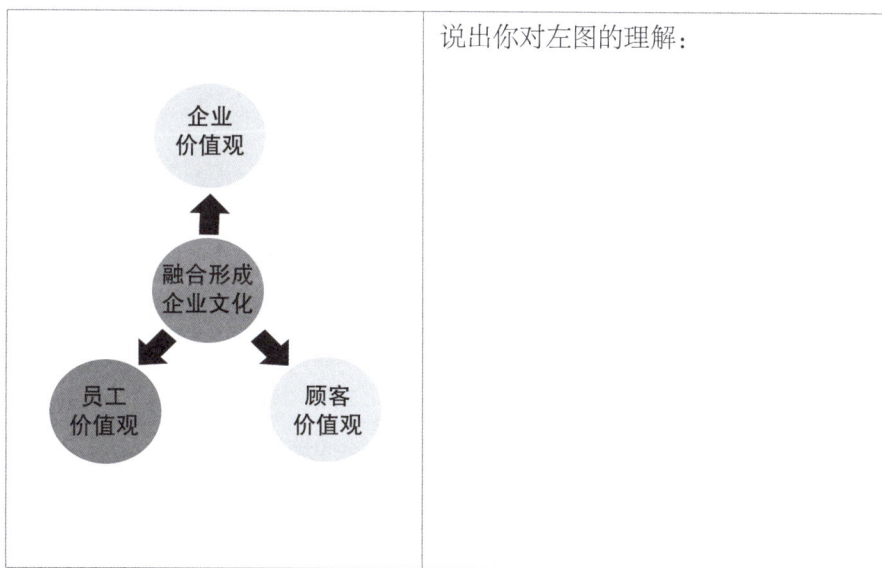

说出你对左图的理解：

图 1-2-1

✒ 做一做

成立团队，按要求组建模拟公司。

要求 1：要求每个团队组建一家经营服装的模拟电商公司。

要求 2：做一个 PPT 向别人介绍你的公司，包括公司的名字、LOGO、口号、企业文化，还要有团队分工以及团队里的每个人的相片、团队合照。

要求3：PPT 里注明在完成该任务过程中每个人的具体工作分工。

要求4：两个星期后各组展示、评比，选出优秀团队。（图 1-2-2）

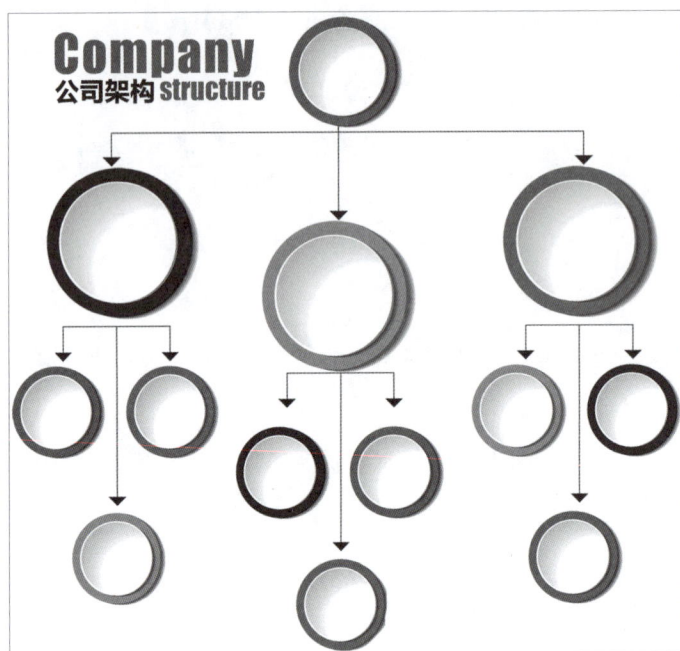

图 1-2-2

🔲 知识窗

企业文化的作用

（1）电商企业文化能引导员工的思想和行为，播种一种观念，培育一种行为，解决人们的观念、感情、情绪、态度方面的问题。

（2）电商企业文化能凝聚人心，增加企业的认同感，增强员工的归属感。突破部门壁垒，降低协作成本，把企业整合为一个统一的、协调的整体。

（3）电商企业文化可规范员工的行为。

（4）电商企业文化提升员工的成功愿望，具有较强的激励作用。

（5）电商企业文化对社会有积极的影响作用，能产生良好的社会效应。

活动二　如何建设电商企业文化

活动背景

通过拓展游戏，让同学们先达成共同的价值观，在此基础上尝试建设企业文化，如设计团队的企业文化方案。

★玩一玩★

全体同学一起玩青蛙跳水游戏，通过游戏使团队成员形成共同的价值观。

游戏规则：

（1）全体同学围坐成圈。

（2）主持人开始说："一只青蛙"；第二人："一张嘴"；第三人："两只眼睛"；第四人："四条腿"；第五人："扑通！"；第六人："跳下水"。

（3）后面的人继续："两只青蛙"；第二人："两张嘴"；第三人："四只眼睛"；第四人："八条腿"；第五人："扑通！扑通！"；第六人："跳下水"……

（4）此活动可以进行几轮，直到能产生共同的价值观。

备注：活动中要对说错话的同学进行适当的惩罚，可以以团队为单位，第一次错罚团队的队长做一个俯卧撑，第二次错做两个俯卧撑，第三次错做四个，第四次错做八个，第五次错做十六个……直到有团队难以坚持和支撑，并适当地提出团队的概念和队长、队员的责任，加强团队和企业文化的建设。

◎试一试◎

每个队员设计一套"如何建设我们团队的企业文化"方案。

方案要求：

（1）结合实际，实事求是；

（2）确定目标，提高认识；

（3）逐步形成本团队的价值观；

（4）分工合理，团结协作；

（5）注重学习，文化引领。

🔲知识窗

如何建设企业文化

第一，对企业传统有正确认识，新的目标文化不能割断历史。

第二，对企业实现文化有清晰的认识，目标文化应以现实文化为基础，避免无法实现的空洞目标。

第三，对企业未来有客观、科学的展望，不能是主观想象。企业文化目标是面向未来的，要考虑企业的历史走向、发展的必然性，不能凭空喊口号，试图达到某种高度。

第四，要求设计者专业知识丰富，对行业了解仔细，有独特的战略眼光、哲学知识、管理知识及文学写作功底。也可请外部专家来担任设计人员，但最好是内部专家。

第五，要实施文化，依照设计好的目标文化实施，实现现实文化向目标文化的过渡，实质上是改革更新的过程。（图 1-2-3）

图 1-2-3

※ 活动评价 ※

通过学习电商企业文化在企业发展中的作用，培育同学们正确的行为，并学会组建团队，凝聚人心，增强员工的归属感，增加企业的认同感，建设自己的团队文化。

拓展活动：把全班同学分成 8 个团队，确定团队里每个人的分工和工作范畴。并开始布置任务，要求每个团队做 PPT，PPT 里要求有团队的名字、LOGO、口号、企业文化、团队分工，还要有团队里每个成员的相片、团队合照。PPT 里注明在完成任务中每个人的工作分工，两个星期后各组展示、评比，选出优秀团队。（图 1-2-4）

优秀 PPT 展示

图 1-2-4

三、经典案例

亚马逊公司

亚马逊公司是美国最大的一家网络电子商务公司，位于华盛顿州的西雅图，是网络上最早开始经营电子商务的公司之一。亚马逊公司成立于 1995 年，一开始只经营网络的书籍销售业务，现在则扩及了范围相当广的其他产品，已成为全球商品品种最多的网上零售商和全球第二大互联网企业，在公司名下，也包括 AlexaInternet、a9、lab126 和互联网电影数据（Internet Movie Database，IMDB）等子公司。（图 1-2-5）

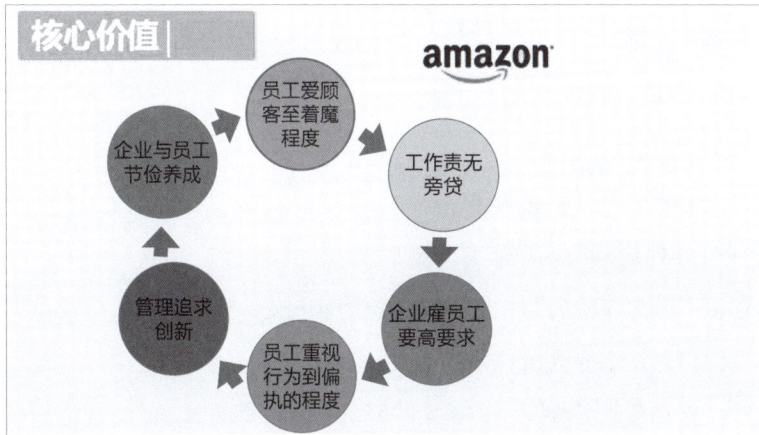

图 1-2-5

广东游小云信息技术有限公司

图 1-2-6

广东游小云信息技术有限公司，专注旅游新零售 SaaS 云平台技术服务，为线下旅行社、景点、新零售公司、地方新零售局、线上新零售电商等提供新零售 SaaS 系统建设及运营服务，帮助企业用 SaaS 模式，自建新零售 SaaS 微商城、新零售 SaaS 小程序。（图 1-2-6）

公司定制化开发新零售门户网站 B2B、B2B2C 系统，新零售品牌官网矩阵等以新零售 SaaS 技术为核心的服务商。公司为新零售行业落地新零售 SaaS 系统、全网推广、会员管理、精准自获客、SaaS 拓客、秒杀拼团、新零售大数据等全网营销体系化 Saas 云服务。公司助力新零售行业实现"互联网+"系统化转型，致力成为全域新零售产业互联网升级的坚强后盾。

品牌释义：

游 以落地全域新零售为使命！游小云旅游新零售 SaaS 云，用极致体验的互联网产品帮助新零售行业升级全域新零售，践行"以用户为中心"的互联网商业信仰，更加开放创新的团队文化，联合优秀合作伙伴和行业精英，为全域新零售企业用户提供高效率、高品质的产品及服务！

小 绝不妄自尊大，永远卑微虔诚，以"小"的姿态，专注技术服务！作为互联网新零售新生力量，面对互联网新零售、新业态的星辰大海，永远心怀敬畏，保持年轻，面对不足。希望广大用户与行业精英多提宝贵意见，全然作为对游小云的鞭策与激励，砥砺前行！

云 Saas 云技术服务商！游小云新零售 SaaS 云始终追求与时俱进的技术迭代、极致体验的产品创新、严苛的服务精神！

游小云公司 LOGO 是两条太极鱼变体，橙色大鱼代表新零售的自由奔放，蓝色小鱼代表技术研发的科技感，一大一小互动游弋，同时象征着"以用户为中心"的体验交互，两条太极鱼互动的整体图形组合成游小云"Y"字母的变体形态。

游小云公司企业文化

品牌定位：旅游新商业 SaaS 云技术服务商！

品牌文化：创新驱动！互助共赢！

品牌愿景：旅游新商业数字化服务平台！

服务标准：24 小时内解决客户所有问题！

团队价值观：以诚实守信为荣！以欺骗忽悠为耻！

以创新求变为荣！以墨守成规为耻！

以品质服务为荣！以敷衍拖延为耻！

四、企业文化墙

（1）为自己养成一个好习惯，给别人留下一个好印象。

（2）企业的成功来自每一位员工的付出。

（3）只有勇于承担责任，才能承担更大的责任。

（4）自我提升、良性竞争，相互欣赏、相互支持。

五、训练计划

《西游记》中的人力资源管理工作做得很好。如果说唐僧师徒是四人一个企业，那么这个企业的企业愿景十分明确，那就是西天取经。唐僧相当于总经理，孙悟空是技术骨干，猪八戒和沙和尚则是普通成员。他们的分工非常明确，配合默契，充分发挥了各自的优势与能力。一个理想的团队，基本上要有四种人：德者、能者、智者、劳者。德者领导团队，能者攻克难关，智者出谋划策，劳者执行有力。这一个神仙团队之所以能取得辉煌的成就，关键在于这个团队的成员能够优势互补、目标统一，每个人都能发挥自己的作用，所以形成了一个越来越坚固的团队。根据唐僧师徒四人不同的性格特征、兴趣爱好进行分工，找到各自的角色，并要求每个队员找准位置，各司其职。

表 1-2-1

角色	队员	位置	职责
德者（唐僧）		德者居上	领导团队
能者（孙悟空）		能者在前	攻克难关
智者（猪八戒）		智者在侧	出谋划策
劳者（沙和尚）		劳者居下	执行有力

项目二
团 队

【项目综述】

当今社会发展瞬息万变，无论是个人还是企业想要获得成功，都离不开团队协作。中国女排精神强调的是团队的拼搏奋进精神，中国高铁、"蛟龙号"等国之重器无不是团队协作的成果。进入 21 世纪以来，面对前所未有的激烈竞争环境，团队精神日益成为重要的企业文化因素，团队意识的强弱决定着企业的整体战斗力，一个没有团队精神的企业，对外是没有竞争力的。

【项目目标】

知识目标

◇理解团队建设的内涵。

◇初步认识团队建设的重要性及基本要素。

◇了解提高团队协作能力及执行力的重要性和方法。

技能目标

◇掌握在现代企业或班级中如何建立团队。

◇掌握在现代企业或班级中如何培养团队文化。

◇掌握在现代企业或班级中如何打造高效团队。

情感目标

◇培养学生的团队精神，并在团队中发挥作用。

◇树立学生团队意识，培养团队合作能力。

◇培养学生在工作或学习中具备团队意识，提高工作效率。

【项目任务】

任务一　了解团队内涵

任务二　认识团队建设

任务三　提高团队效率

任务一 >>>>>>>>>
了解团队内涵

一、情景设计

为了积极响应李克强总理提出的"大众创业、万众创新"的号召，广州市中等职业学校与市科工商贸局联合成立了"众创中心"，学校鼓励学生以创业团队或创业公司进驻"众创中心"，并为进驻团队（公司）提供创业办公设备、创业指导。小明在一年级时就在淘宝网开网店销售女装，在二年级时积累了一定的资金及经验，于是与同年级5个志同道合的同学组成了创业团队，并向学校递交入驻"众创中心"的申请书。经过学校层层审核，小明的团队成功进驻了"众创中心"，由于小明以往的创业经历都是"员工、老板一人包"的模式，团队建设经验不足，于是请众创中心的创业指导老师李老师，指导他们进行团队建设。

二、任务分解

为了让小明的创业团队迅速理解团队建设的内涵，更好地做好成员之间的分工协作工作，李老师通过大量的案例分析，指导小明团队认识团队的内涵、团队的类型和构建团队的主要要素，让小明团队做好团队建设，以此来提升团队效率。

活动一　认识团队内涵

活动背景

> 小明及其同伴一开始以为只要几个人聚在一起就是团队了，李老师通过案例分析指导，让小明团队成员对团队的内涵有了初步认识。

活动实施

??想一想

（1）在非洲草原上如果见到羚羊在奔跑，那一定是狮子来了；如果见到狮子在躲避，那就是象群发怒了；如果见到成百上千的狮子和大象集体逃命的壮观景象，那是什么来了？为什么？（图2-1-1）

_____

_____

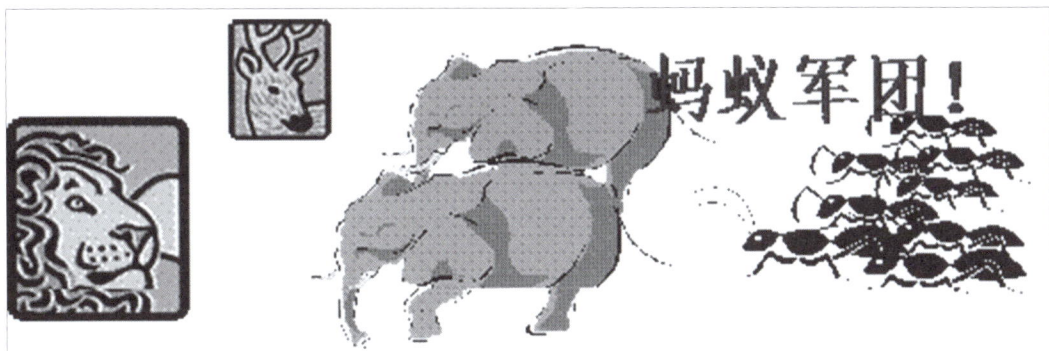

图 2-1-1 什么来了？

（2）将以下两个组织示意图进行对比，有什么不同？有何启示？（图 2-1-2）

_____

_____

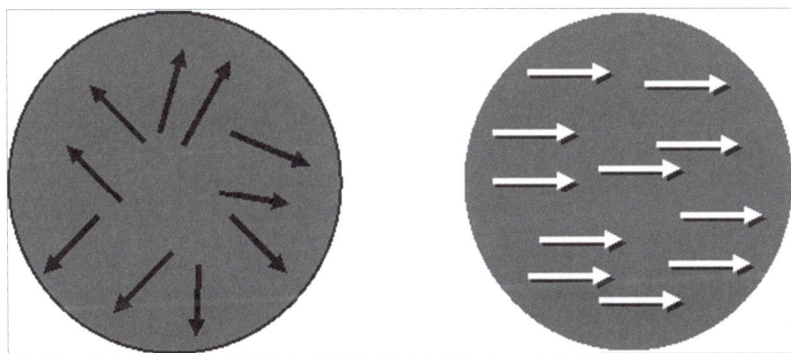

图 2-1-2 两个组织示意图

□ 知识窗

团队和群体

1. 团队的概念

团队是指为了实现某一目标而由相互协作的个体所组成的正式群体，是由两个或两个以上成员组成的一个共同体，它合理利用每一个成员的知识和技能协同工作、解决问题，以达到共同的目标。

2. 团队的特点

（1）团队以目标为导向；

（2）团队以协作为基础；

（3）团队需要共同的规范和方法；

（4）团队成员在技术或技能上形成互补。

3. 群体的概念

两个以上相互作用又相互依赖的个体，为了实现某些特定目标而结合在一起。群体成员共享信息，作出决策，帮助每个成员更好地担负起自己的责任。

4. 团队和群体的区别

（1）领导方面。群体有明确的领导人；团队可能不一样，尤其是团队发展到成熟阶段时，成员共享决策权。

（2）目标方面。群体的目标必须与组织保持一致，但团队中除了这点之外，还可以有自己的目标。

（3）协作方面。协作性是群体和团队最根本的差异，群体的协作性可能是中等程度的，有时成员还有些消极、对立；但团队有齐心协力的氛围。

（4）责任方面。群体的领导者要负很大责任，而团队除了领导者要负责之外，每一个团队成员也要负责，甚至要相互作用、共同负责。

（5）技能方面。群体成员的技能可能是不同的，也可能是相同的；而团队成员的技能是可以相互补充的，把不同知识、技能和经验的人集合在一起，形成角色互补，从而达到整个团队的有效组合。

（6）结果方面。群体的绩效是每一个个体的绩效相加之和，团队的结果或绩效是由大家共同合作完成的产品。

?? 想一想

以下两个组织中，哪个是团队？为什么？（图 2-1-3、图 2-1-4）

图 2-1-3　篮球队　　　　　　　　　　图 2-1-4　旅行团

做一做

请大家列举身边常见的团体，并说明为什么被列为团队。

拓展案例

团队的阐释——狼群

"狼群"能够给我们更加恰当的阐释。在动物群体中，狼是最具备团队精神的动物。一群狼在一起，具备团队精神的很多明显特征：

（1）团结合作。联合起来对付比自己力量大得多的动物，狼甚至有时候能放倒一头狮子。

（2）分工明确。每一头狼在进攻时都有自己的位置，并进行精确的配合。

（3）领导示范。在追捕猎物时头狼往往冲在最前面，所以狼群就具备了勇往直前的精神。

（4）利益共享。在捕获猎物之后，每一头狼都能分享胜利的果实。

拥有这4种团队合作的要素，狼群无往不胜。像狼群一样，一个团队如果想要有效合作，共创大业，也必须具备上面四大要素，否则，就不是好团队。

请思考：狼为什么不单独作战？狼群有什么精神？请谈谈你的想法。

_____

_____

活动二 认识团队的类型

活动背景

在李老师的指导下，小明的团队初步认识了团队的内涵。为了进一步帮助创业团队更好地了解自身的需求及特点，建设适合的团队类型，李老师通过案例对团队类型进一步作出分析。

活动实施

?? 想一想

A公司是电子商务公司，主营多个类目的产品（图2-1-5），最近准备开发东南亚市场，并已经注册了Shopee平台。为更好地了解东南亚市场顾客的需求，开发适合在Shopee上销售的产品，公司专门成立了Shopee团队。（图2-1-6）

请问这个Shopee团队与整个公司团队有何不同？（从运行时间、规模、人员构成、目标等方面分析。）

图 2-1-5 A 公司团队

图 2-1-6 Shopee 团队

□ 知识窗

团队类型

团队建立源于需求，需求决定团队类型，见表 2-1-1。

表 2-1-1

分类依据	类型
按目标和自主权划分	问题解决型团队、自我管理型团队、多功能型团队、虚拟型团队
按职能划分	建议决策团队、生产服务团队、项目开发团队、谈判团队
按管理运作方式划分	工作协作团队、研究发展团队、临时工作团队
其他	正式团队、非正式团队

拓展故事

阿里巴巴的创业团队

1999 年 2 月 20 日，大年初五，在一个叫湖畔花园的小区，16 栋三层，18 个人聚在一起开了一个动员会。屋里几乎家徒四壁，只有一张破沙发摆在一边，大部分人席地而坐，马云站在中间讲了整整两个小时。彭蕾说："几乎都是他在讲，说我们要做一个中国人创办的世界上最伟大的互联网公司，张牙舞爪的，我们就坐在一边，偷偷翻白眼。"

公司的启动资金是 50 万元，18 个人一起出钱凑的，马云并不是没有这笔钱，但是他希望公司是大家的，所以 18 个人都出了钱，各自占了不同比例的股份，写在一张纸上，很简短的英文。大家签上名字之后，马云让他们回去把这张纸藏好，从此不再看一眼，"天天看着它做梦，我们就做不好事"。

在很长的时间里，这些人每个月拿 500 元的工资，在湖畔花园附近举步可达的地方租房子住，有的两三人一起合租，有人索性住进了农民房，吃饭基本就是 3 元的盒饭。戴珊很喜欢吃梅干菜，有一次吃着盒饭，突然对大家说："等我有钱了，我就去买一屋子的梅干菜！"

这些人创造了阿里巴巴。十年后，这家公司上市了，在上市当天成为市值超过 200 亿美元的中国互联网公司。据猜测，这 18 个人都已经成为亿万富翁。当然，他们不是 IPO（首次公开募股）中唯一获利的团队，阿里巴巴大约有 4900 名员工，已成为不折不扣的富翁。在阿里巴巴十周年庆时，这 18 个创始人向马云辞去了创始人的身份，从零开始。用马云的话说，阿里巴巴进入了合伙人的时代。

马云和他的创业者们，创业时期都是在杭州马云的家中集体办公，他们同吃同住，按照需要做好自己的工作，实行自我管理，但他们对共同目标的认可，对公司愿景的认可，形成了坚固的团队凝聚力。这种在企业初创期锻炼出来的团队领导能力，是经理人将来领导大企业高层管理班子的基础。

?? 想一想

1. 请利用互联网查查：阿里巴巴初创团队具体成员有哪些？他们分别负责什么工作？这个初创团队属于"自我管理型"团队吗？

_____

_____

2. 你觉得什么情况下可以采用"自我管理型"团队？

_____

_____

活动三　团队建设的主要构成要素

活动背景

经过李老师的指导，小明他们对团队内涵和类型都有了初步认识，准备着手制订团队建设方案，但在制订过程中，李老师发现他们对团队建设的要点还不清楚，于是就从团队建设构成要素方面对他们进行辅导。

活动实施

做一做

分析三个小和尚没水喝这个故事，填写表 2-1-2。

表 2-1-2

团队	你认为他们没水喝的原因	你如何让他们都能喝到水

【提示】

你认为三个和尚需要确定共同的目标吗？需要有一个人作为老大吗？需要挑水任务安排表吗？为什么？

知识窗

高效团队

高效团队的特征见图 2-1-7。

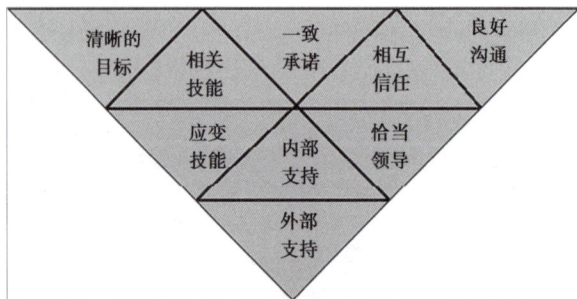

图 2-1-7　高效团队的特征

建设高效团队至少需要具备五方面的要素。（图 2-1-8、表 2-1-3）

图 2-1-8　团队建设要素

表 2-1-3

序号	要素	说明
1	目标	共同的目标可以为团队成员提供具体指导和行动方向，目标是团队存在的价值，明确目标就是使成员明确团队存在的意义。将目标植根于团队成员的心里，就可以获得成员们共同信守的价值，使团队行动一致。
2	定位	定位指的是团队在企业中处于什么身份。比如，团队是什么类型的，是生产型的还是服务型的，是计划型的还是发展型的，等等。团队的工作任务是什么？团队是对谁负责的？针对团队的定位，就可以为团队制定一些制度、团队的任务，以便更好地融入整个组织中。
3	权限	权限是指团队负有的职责和享有的权力大小。如何确定团队的权限，需要清楚以下几个问题： 团队的工作范围是什么？它能够处理可能影响整个组织的事物吗？它的工作重心集中在某一特定领域吗？不同团队的界限是什么？你所组建的团队在多大程度上可以自主决策？
4	计划	计划就是对团队成员的工作进行分配。一个好的团队计划需要弄清楚以下问题： 每个团队有多少成员才合适？团队需要什么样的领导？团队领导职位是常设的还是由成员轮流担任？领导者的权限和职责分别是什么？应该赋予其他团队成员特定职责和权限吗？如何界定团队任务的完成？如何评价和激励团队成员？
5	人员	团队的最后一个要素是人员问题。目标、定位、权责、计划确定后，具体的执行还在于人。当然，每个企业的情况不一样，具体要用什么人，需综合考虑人员的能力、素质、学识水平等因素，是否能配合团队去完成既定的目标。

拓展游戏

无敌风火轮——团队协作竞技型

（1）项目任务：每个团队用提供的材料将报纸围成一个可以行进的履带式的环，要求本组所有成员在规则要求下走完规定的路程，最快到达终点的组为优胜方。

（2）道具要求：报纸、胶带。

（3）项目规则：

①各组统一在风火轮内站好，由裁判统一发布口令出发。

②行进途中，风火轮必须垂直地面，不能将所提供的报纸剪裁、折叠，报纸必须紧密相连。

③所有组员必须在圈内，身体的任何部分不得直接接触地面，如有违规接触地面的组员，第一个警告，第二个活动后罚十个抱头蹲起，第三个全组淘汰，取消比赛资格。

④行进过程中若风火轮断裂必须在原地修复，在裁判许可后才可以继续行进。此时队员可以接触地面但不能阻挡他组行进的路线，否则会被取消比赛资格。

⑤出发前，所有风火轮不得超出起点线，以风火轮全部通过终点线为项目截止时间。

⑥完全服从裁判原则。

（4）活动目的：本游戏主要是培养学生团结一致、密切合作、克服困难的团队精神；培养学生计划、组织、协调的能力；培养学生服从指挥、一丝不苟的工作态度；增强队员间的相互信任和理解。

?? 想一想

要想在这个游戏中取得胜利，必须考虑什么因素？谈谈你的想法。

_____

_____

_____

三、经典案例

Shopee是东南亚各国与中国台湾领航的电商平台，覆盖中国台湾以及新加坡、马来西亚、菲律宾、印度尼西亚、泰国、越南、巴西八大市场，同时在深圳、上海和中国香港设立跨境业务办公室。2019年，Shopee总订单量高达12亿，同比增长100.5%。（图2-1-9）

图2-1-9

Shopee公司企业文化：

用户至上

顺势应变

分秒必争

全心投入

保持谦逊

四、企业文化墙

（1）一人强，不是强，再强也是一只羊。

（2）团队强，才是强，团结起来就是狼。

（3）只有团结才有强大的能量，凝聚在一起才是团队！

（4）人在一起不是团队，心在一起才是团队。

（5）篮球明星迈克尔·乔丹说过，一名伟大的球星最突出的能力就是让周围的队友变得更好。

五、活动评价

本次任务通过创业案例对团队内涵、团队类型及团队建设要素三方面进行分析，以大量生动有趣的经典案例及拓展游戏帮助学生对相关概念内涵进行由浅入深的理解。通过本次任务知识点，学生能够充分认识团队的重要性，掌握团队建设的基本要素，对日后的生活及工作开展团队合作具有重大的指导作用。

六、合作实训

现在学校的电子商务社团需要对社会文化进行塑造，向全校师生发出征求社团社徽设计创意，电子商务专业的同学都跃跃欲试。任务如下：

（1）组建 3~4 人的团队。

（2）确定团队的分工。

（3）确立团队目标。

任务二 》》》》》》
认识团队建设

一、情景设计

某公司是国内知名的电器龙头企业，现公司因业务发展，需在广州成立分公司，从销售部、人事部、财务部、后勤部等部门选派精英人员组成团队到广州进行前期分公司的组建工作，指派黄明为总负责人。为了有效发挥团队合力，公司总部人力资源部决定对他们进行团队组建相关技能培训，由培训师李老师负责。

二、任务分解

李老师对成员的经历、职能等进行分析后，决定从角色认知、文化塑造、执行保障等方面对他们进行培训。

活动一　认知角色

活动背景

这个即将奔赴广州的团队，其成员大多数是年轻骨干，之前分别在不同的部门工作，平时在工作中直接接触的机会并不多，因此李老师的首要任务是提高这个新团队的角色认知力。

活动实施

✎ 做一做

请分析《西游记》中团队成员的人物特点及工作职责。（表2-2-1）

表2-2-1

团队名称	团队成员	人物特点	取经路上的工作职责
取经团队			

?? 想一想

如果取经团队穿越到现代，他们在公司里能担任什么职务？请你根据人物特点分析结果，将唐僧师徒四人填入你认为与职务匹配的一栏中，并告诉大家为什么。（表2-2-2）

表2-2-2

情景	职务	匹配者
取经团队穿越到现代的一家大型公司里任职	领导角色	
	技术骨干角色	
	公关角色	
	基层勤恳员工角色	

知识窗

角色认知

从字面上理解，角色的认知似乎并不难。知道自己处在什么位置；这个位置的职责范围是什么；这个位置所要做的工作标准和目标是什么；这个位置对角色的各种知识技能要求是什么；这个位置和其他人、其他组织的分界点在哪里。这些都是角色认知最基本的内容。

团队中角色认知的作用：

（1）角色定位。在团队中树立团队精神、意识固然重要，但更重要的是团队管理中的角色定位。当一群很有能力的人组成一个团队，一定要确定其中每个部门、每个人的角色定位。角色定位是打造团队的操作手段。

（2）明确职责且配合有序。团队中，当我们面对不同的角色时，应该作出不同的协调，如与上级领导的协调、与外部人员的协调、部门与部门的协调、正职与副职的协调。

（3）明确与角色相对应的工作职责。角色理论认为，人们为某一种身份的人都设置了一整套的有关权利和义务的规范及行为模式，这种模式就是"角色"。每一种角色都有符合其定位的内容，不同的角色有不同的内容，如果两个以上角色的内容同时出现，就会导致角色冲突。一个人在社会中生活，要负很多责任，具体来说，就是依据不同的角色承担不同的责任。看一看我们扮演了哪些角色？要承担哪些责任？以及承担这些责任的来源是什么？

活动二　塑造文化

活动背景

通过角色认知，黄明团队成员对自己的角色定位有了更全面的了解，为了让团队更团结，朝着一致的目标前进，李老师继续从文化塑造角度引导黄明团队更好地营造新公司团队独有的文化氛围。

活动实施

?? 想一想

分析阿里巴巴集团的企业文化，结合企业愿景及价值取向分析，为什么马云团队会确定这样的企业文化。

☐ 知识窗

团队文化

团队文化是一种意识，是团队领导人和其成员在长期合作过程中不断磨合、长期协作、完成任务的过程中形成的共同价值观、工作方式、行为准则的一种集合体，是通过一定时间的打造后化为各个团队成员的惯性行为。

拓展案例

阿里巴巴的企业文化发展阶段

第一阶段：可信、亲切、简单

2000年3月至2001年3月湖畔花园创业时期

可信就是诚信，后来演变为价值观，又衍生出"诚信通"产品。亲切就是人性化和人情味，就是指阿里巴巴与客户亲如一家。简单就是阿里巴巴的页面和软件要简单。简单还包括公司的人际关系要简单，杜绝办公室政治；所有争论都要留在办公室，不准带出办公室。

第二阶段：独孤九剑

2001年4月至2004年7月华星时代

2001年1月13日，阿里巴巴第一次将企业文化总结、提炼，固化为文字，这就是独孤九剑，即九大价值观。独孤九剑有两个轴线。一是创新轴：创新、激情、开放、教学相长。其中激情是核心，这是马云的本质。二是系统轴：群策群力、质量、专注、服务与尊重。贯穿创新和系统轴线的是简易。创新要简易，系统也要简易。简易就是防止内部产生官僚作风，防止办公室政治。（图2-2-1）

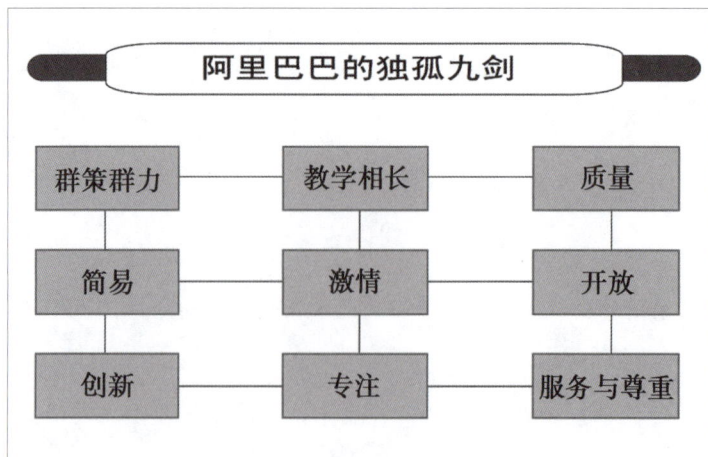

图2-2-1 阿里巴巴的独孤九剑文化

第三阶段：六脉神剑

2004 年 8 月至今，创业大厦时代

这个阶段阿里巴巴将企业文化定义为客户第一、团队合作、拥抱变化、激情、诚信、敬业。（图 2-2-2）

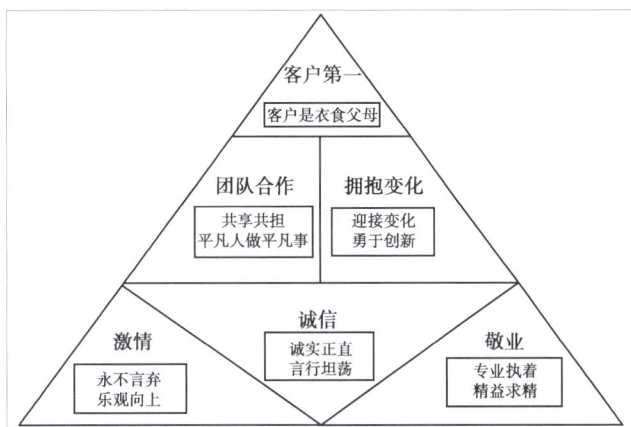

图 2-2-2　阿里巴巴的六脉神剑文化

做一做

李老师让黄明团队结合团队文化内涵及阿里巴巴企业文化案例，写出目前团队需要哪些文化。

知识窗

团队文化内涵（图 2-2-3）

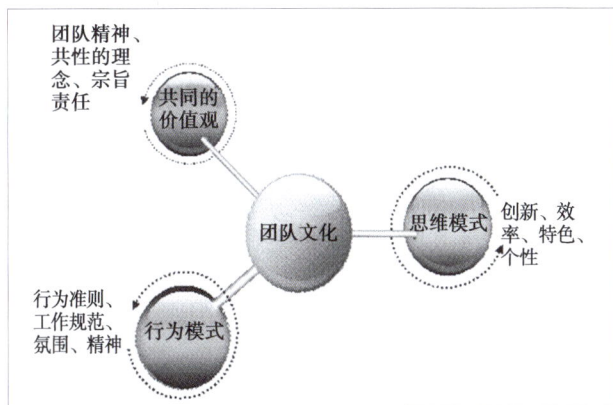

图 2-2-3　团队文化内涵

拓展案例

电商之家

广州电商之家文化传播有限公司（简称"电商之家"）专注于人才培养与输送，坚持诚信服务、创新发展、以人为本。电商之家作为专业的电商人才职业发展平台，为企业和电商人才之间架起沟通桥梁，并且与全国20多所大中院校保持紧密联系，针对市场前沿的行业，如电商直播、短视频制作等进行新型复合型人才的培养，致力于电商型人才的培养，打造校园电商精英课堂。电商之家为在校精英提供系统前沿培训，规划职业发展，最终助力企业与人才两端的高效匹配。（图2-2-4）

企业文化：建设电商之家，成为电商人才的孵化摇篮。

企业使命：让电商没有难招的人才。

企业愿景：做103年的企业，十年树木，百年树人。

服务宗旨：专业执着，精益求精。

图 2-2-4

活动三　执行保障

活动背景

经过李老师的指导，黄明与团队成员讨论后，结合公司总部的文化、分公司的情况，将他们团队的文化定位为"客户至上，精诚竭力，勇闯佳绩"12个字。但"无规矩不成方圆"，为了让团队文化更好地贯彻落实，让每个人都自觉实行，还需要制定相关制度，保障文化有效执行。

活动实施

?? 想一想

请分析以下案例，你认为军方改变检查制度，差评合格率就达到了100%的原因是什么？

制度的力量经典案例——合格率检查制度

第二次世界大战期间，美国空军的降落伞的合格率为99.9%，从概率上来说，这就意味着1000名跳伞士兵中会有一个因为降落伞不合格而丧命。军方要求厂家必须让合格率达到

100%。厂家负责人说他们已竭尽全力了，99.9%已是极限，除非出现奇迹。于是，军方就改变了检查制度，每次交货前随机挑出几把降落伞，让厂家负责人亲自跳伞检测。从此，奇迹出现了，降落伞的合格率达到了100%。（图2-2-5）

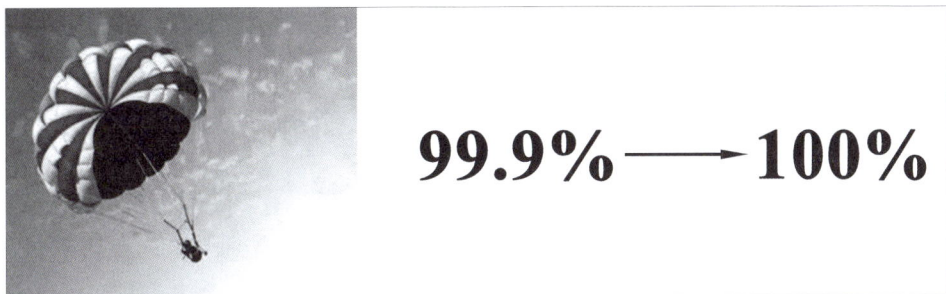

图 2-2-5　合格率检查制度

🖉 做一做

黄明团队为了能让"客户至上，精诚竭力，勇闯佳绩"企业文化有效执行，需要建立哪些制度保障？

_____

_____

📖 知识窗

在团队管理中，强化规章制度的执行落实是重中之重，是每一个经营管理者重点考虑的。为此，在营销团队管理中要着重加强团队执行力建设，确保把政策方针、规章制度落实到位、执行到位。

建立团队制度的原则：效率优先，兼顾公平

制度面前人人平等。任何成员提出的任何意见只要有利于团队建设，均可考虑补充到制度中。这主要表现在：一要强化全员执行意识。公司出台的政策、规章制度，团队的每位成员都要充分认识到它的重要性，增强落实意识，强化落实方法。二要强化监管。规章制度的执行要做好监管，公司要成立监管机构，对团队的执行力要定期检查，看团队成员是否按照要求执行到位。三要创新经营。公司的规定、章程的执行要创新方法、探索经营模式，力争使之贴紧实际、贴近生活。

不同企业对制度有不同的需求，同一企业处于不同的发展阶段，对制度的需求也不完全一样。大型企业与成长中的企业制度也不一样。

新设立企业的制度建设

就像人的成长一样，人的性格基本上在0~5岁这个阶段形成，企业的制度建设也一样，体现企业核心价值的制度应该在企业设立时就建立，新设企业制度的建设要求：

（1）确立厚载企业核心价值和经营理念的规范，纳入企业的所有具体制度，并严格执行。

（2）制度根据需要而定，一般不宜太繁杂，要便于操作。

（3）具体制度设计还要体现效率，优先兼顾安全。

（4）制度的生命在于实施，因为企业在初创阶段时，企业文化有待形成，所以必须强化企业领导和管理层的身体力行，需带头严格执行企业制度，起到示范作用。

（5）切忌照搬他人的制度。

拓展案例

关于制度的小故事——抽水马桶的清洁标准

某日本高级酒店检测客房抽水马桶是否清洁的标准是由清洁工自己从马桶中舀一杯水喝一口。可以想象，这样的马桶会干净到什么程度。（图2-2-6）

思考：如果你是这家酒店的经理，会制定怎样的清洁标准制度来考核酒店？

图2-2-6 抽水马桶的清洁标准

_____

_____

三、经典案例

微软团队

众所周知，微软公司使数以百计的雇员成了百万富翁，甚至亿万富翁。可是，鲜为人知的是，他们中许多人在拥有财富之后，却继续留在微软公司工作。

那么，是什么神奇的吸引力竟使这帮百万富翁不是为自己经济的需要而如此卖命地工作呢？答案只有一个，那就是完全超越了自我的团队意识。这种团队意识已在微软公司落地生根。微软人认为，他们不属于自己，而是属于微软这个团体。

董事长比尔·盖茨在谈到这种文化时说："这种企业文化营造了一种氛围，在这种氛围中，开拓性思维不断涌现，员工的潜能得以充分发挥；微软公司所形成的氛围是，你不但拥有整个公司的全部资源，同时还拥有一个能使自己大显身手、发挥重要作用的小而精的班组或部门；而且每一个人都有自己的主见，能使这些主见变成现实的则是微软这个团队。"

这种团队意识绝非微软公司独有。类似这种把个人归属于集体的团队意识，也是其他公司追求和培养的。这种意识使雇员们工作热情高涨、工作体验更丰富，从而也使他们的生活更具有价值。

思考：请结合微软团队的案例分析，如何才能使员工树立起这种团队意识，打造一个成功的团队。

_____

_____

四、企业文化墙

（1）和谐创新、开拓市场、团结拼搏、共创未来。

（2）成功靠朋友，成长靠对手，成就靠团队。

（3）讲团结，发扬团队精神；重科技，以科技促发展；强管理，向管理要效益。

（4）齐心协力，牛气冲天。

（5）比尔·盖茨说："小成功靠个人，大成功靠团队。"

五、活动评价

本次任务主要聚焦团队建设中的角色认知、文化塑造、执行保障三方面知识点，主要由经典故事、经典企业案例等贯彻整个任务安排，激发学生的学习兴趣，更好地掌握知识点。

六、合作实训

以小组为单位，查阅资料，请同学们对阿里巴巴、京东、唯品会三家企业的文化、部门设置、制度进行分析，并总结它们的共同之处。具体任务如下：

1. 你们小组的名称是什么？各自的分工是怎样的？

_____

_____

_____

2. 通过小组团队分析，这三家企业的文化是什么？部门设置是怎样的？有哪些规章制度？

_____

_____

_____

3. 三家企业有共同之处吗？

_____

_____

_____

4. 你们小组认为，在现今的竞争环境下，电商企业想取得成功，团队需具备哪些特征？

_____

_____

_____

任务三 》》》》》》》
提高团队效率

一、情景设计

李建明最近是幸福与痛苦并存的状态，幸福是因为自己刚被所在的电商企业提拔为销售部的部门经理，痛苦是因为刚走马上任的第一个星期就发现销售部是各自为政，他下达的任务都被打"折扣"完成，这样的状况会对部门年底的整体目标造成威胁，因此他十分苦恼。李建明将自己的苦恼告诉了主管领导，领导建议他找人力资源管理部门经理黄经理帮忙。

二、任务分解

黄经理听完李建明诉苦后，仔细帮他分析，建议他的团队可进行提高团队协作力及执行力课程的培训。李建明经过一晚的思考，觉得黄经理的分析到位，于是带领团队进行相关课程的培训。

活动一　提高团队协作力

活动背景

┃黄经理提前了解了李建明团队成员的具体分工后，觉得他们对团队协作力缺乏了解，看不到团队协作力对整体业绩提升的好处，于是，黄经理利用生动有趣的案例分析帮助成员提高团队协作力。

活动实施

?? 想一想

请问右边的木桶最大限度地装满水要具备什么条件？（图 2-3-1）

图 2-3-1　如何让木桶装满水

✎ 友情提示

木桶原理启示：

一个木桶好比一个紧密合作的团队，能装多少水不仅取决于每一块木板的长度，还取决于木板与木板之间的结合是否紧密；如果木板与木板之间存在缝隙或缝隙较大，同样无法装满水。

一个团队的战斗力不仅取决于每一名成员的能力，也取决于成员与成员之间的相互协作、相互配合，才能均衡、紧密地结合，形成一个强大的整体，否则就会变成一个看上去能装满水，实际上却是一只会不断漏水、渗水的木桶。

▢ 知识窗

团队协作力

团队协作力是指建立在团队的基础之上，发挥团队精神，互补互助，以达到团队最大工作效率的能力。对于团队成员来说，不仅要有个人能力，还需要有在不同的位置上各尽所能、与其他成员协调合作的能力。

提高团队协作力的作用：

团队大于个人。一个团队的力量远大于一个人的力量。

团队协作的本质是共同奉献，能激发团队的工作动力和奉献精神，不分彼此，共同付出。

团队合作与个人的潜力。当团队的每一个人坦诚相待，都有奉献精神时，取长补短，个人能力肯定会得到大大提升。

团队精神的核心就是协同合作，协同合作是任何一个团队不可或缺的精髓，是相互信任基础上的无私奉献，团队成员因此而互补互助。

?? 想一想

在公司里，员工如何与同事、上司建立良好的协作关系？

友情提示

只有明确的分工、共同的目标、有效的合作、良好的沟通、互相尊重的工作氛围和合理的监督等才能真正意义上建立起一个良好的并且长久的团队协作关系。（图2-3-2）

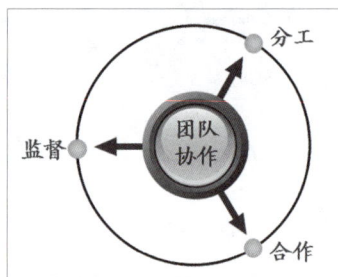

图 2-3-2　团队协作要素

拓展活动

解环

游戏规则：

（1）每组成员围成一个向心圈。

（2）所有人都举起右手，握住对面的人的手。

（3）再举起你的左手，握住另外一个人的手（不是对面也不是相邻队友的手）。

（4）在手不松开的情况下，用最短时间把这个错综复杂的环解开。

（5）只要小组成员呈现一个大圈或是两个套着的环，就视为解开。

游戏结束后请思考并分享：

你在解环时开始的感觉是怎样的，思路是否很混乱？当环解开了一点后，你的想法是否发生了变化？这个游戏对团队中的冲突和竞争合作有什么启示？

友情提示

合作中冲突在所难免，关键要正确认识冲突与竞争合作的关系。冲突与竞争合作的关系可分为三类：冲突关系——彼此目标不一致，对抗情绪高，互相帮助少，不信任对方，常采取损人利己的手段，以至于互相影响，甚至互相妨碍。竞争关系——彼此目标不一致；对抗情绪低，互相帮助少。部分信任对手，双方相对独立，平行行动，互不妨碍，结果是一胜一负。合作关系——彼此目标一致，对抗情绪低，互相帮助大，彼此依赖，既利人又利己，相互协作，互通有无，相互促进，结果双赢。

活动二　提高团队信任力

活动背景

> 李建明团队意识到团队协作力的重要性，但是因为李建明是新官上任，对成员还不熟悉，另外，这个部门之前并没有建立很好的团队协作文化，所以黄经理认为，提高团队的信任力尤为重要。

活动实施

?? 想一想

从以下的小故事中，你得到什么启发？

故事1：狮子和老虎爆发了一场激烈的战争，到了最后，两败俱伤。狮子快要断气的时候对老虎说："如果不是你非要抢我的地盘，我们也不会弄成现在这样。"老虎吃惊地说："我从未想过要抢你的地盘，我一直以为是你要侵略我！"

◇ 友情提示

相互沟通是维系同事、老板之间的一个关键要素。有什么话不要憋在肚子里，多与同事、员工交流，也让同事、员工多了解自己，这样可以避免许多无谓的误会和矛盾。（图2-3-3）

故事2：两只鸟在一起生活，雄鸟采集了许多果仁让雌鸟保存，由于天气干燥，果仁脱水变小，鸟巢里的果仁看上去只有原来的一半。

雄鸟以为是雌鸟偷吃了，就把它啄死了，过了几天，下了几场雨后，空气湿润了，果仁又涨成满满的一鸟巢。这时雄鸟十分后悔地说："是我错怪了雌鸟！"

图2-3-3　团队精神

📝 **友情提示**

老板、同事之间要相互信任，很多幸福团结的团队就毁于怀疑和猜忌。所以，对同事、员工要保持信任，不要让猜疑毁了团队。

🖋 **做一做**

如果现在你加入了新团队，如何让同事和老板信任你？请将你想到的办法写下来，与同桌互换结果，看看能否获得对方的认可。

_____

_____

_____

🔲 **知识窗**

管理者如何提升团队信任力？

团队成员之间的信任力越高，团队绩效就越高。那么怎么提升团队的信任力呢？

1. 沟通理解

沟通的目标：内求团结，外求发展。沟通是组织成员之间交流信息、获得理解、协调行为、实施影响的过程。

沟通的条件：沟通主体两个或两个人以上；具有共同客体，即沟通的信息；有效的沟通载体或方式。

沟通的障碍：发送者方面的障碍（原发性）；沟通过程中的障碍（媒质性）；接受者方面的障碍（理解性）；反馈过程中的障碍（校正性）；背景差异导致的障碍（耦合性）。

实现有效沟通的7个C：可信赖性（credibility），一致性（context），有效内容（content），明确性（clarity），持续性和连贯性（continuity and consistency），有效渠道（channels），被沟通者接受能力（capability of audience）。

2. 科学授权

团队领导如果事必躬亲，不仅会严重削弱团队成员的工作积极性，而且领导者也会因精力不济难以出色地完成工作。所以，当下属在工作中出现时时汇报，不敢大胆、主动工作，但下属却又有经验和能力，且能积极承担某项工作职责时，就要考虑授权。

3. 知人善任

领导要了解团队每个成员的长处与短处，团队领导如果能够做到知人善任、扬长避短，就能最大限度地调动全体人员的工作积极性。团队成员对领导的期望是希望领导能给大家更多的机会、体现自身价值、能明确团队目标、保障团队安全等。所以，团队领导如果根据每个人的情况，作出合理的安排，善于综合不同意见，集中智慧和力量，挖掘各个成员的潜力，必将达到团队的协作和获得团队的信任。

拓展游戏

信任背摔

游戏介绍

团队的每个人轮流到背摔台上背向队友，双脚后跟1/3出台面（培训师做出示范动作），身体重心上移尽量垂直水平倒下，下面的队友安全地把队友接住即为完成动作。

拓展目的

目的

（1）了解有效沟通的环节和步骤。

（2）如果将自己的生命完全交给别人，你会信任他吗？

（3）信任是精诚合作的基石。如果团队成员之间缺少了信任，那么不仅这个大家庭不会和睦，而且也直接影响整体战斗力。

（4）经过心理专家的反复论证，"信任背摔"形式虽然简单，但让人与人之间的信任迅速升值。

分享点

（1）团队成员之间的相互信任。

（2）体验有效沟通的环节和步骤（在项目操作过程中，以口号的形式相互交流）。

（3）责任感（在下面的伙伴有责任按照教练的指示做好自己该做的动作，即把同伴接住并安全地放下，在上面的学员也有责任笔直倒下）。

（4）锻炼心理素质，克服恐惧，提升心理素质。

（5）换位思考问题，练达思维、化解烦恼、从容应对。

安全注意事项

（1）此拓展训练项目中有身体接触，必须要求全体学员取出身上所有的尖锐物品放在储物箱里，包括戒指、眼镜、手机、手表、手链、耳钉、发卡、帽子、打火机等。

（2）接人的动作要领：同侧脚伸出，弓步、脚弓相对，膝盖内侧紧贴；腰挺直，双手掌心朝上，手背贴在对面队友的肩膀上，胳膊肘弯曲，有一点儿缓冲，注意放手臂的时候不能两臂同放内侧或同放外侧，要一内一外交叉放。

活动三　提高团队执行力

活动背景

经过黄经理的指导，李建明团队重视团队协作能力的提升，同时对彼此也更信任了。有了以上的基础，黄经理认为现在最关键的任务是提高团队的执行力。

活动实施

?? 想一想

请阅读故事《给猫挂铃铛》，你觉得故事中的老鼠的主意是好主意吗？为什么？

给猫挂铃铛

有一群老鼠开会，讨论怎样应对猫的袭击。一只被认为聪明的老鼠提出，给猫脖子上挂一个铃铛。这样，猫行走的时候，铃铛就会响，听到铃声的老鼠不就可以及时逃跑了吗？大家都公认这是一个好主意。可是，由谁去给猫挂铃铛呢？怎样才能挂得上呢？这些细节问题却无从解决。（图2-3-4）

图2-3-4　给猫挂铃铛

□ 知识窗

团队执行力

团队执行力是指一个团队把战略决策持续转化成结果的满意度、精确度、速度，是一项系统工程，表现出来的就是整个团队的战斗力、竞争力和凝聚力。就全局而言，执行力指的是贯彻战略意图，完成预定目标的操作能力。就个人而言，执行力就是顺利完成领导安排的任务的能力。

✎ 友情提示

任何一个战略决策和规章法案都要想到细节、重视细节。任何对细节的忽视都可能导致决策失误，更无从谈执行。制订计划的时候要全面考虑计划的可行性。

✎ 做一做

请阅读故事"买复印纸的困惑",如果你是故事中的老板,你会怎么交代员工去买纸? 如果你是员工,在老板没有交代清楚买何种规格纸张的情况下,你会如何应对? 请以两个人为小组,分别扮演老板和员工,以你认为更好的结果重现该故事。

买复印纸的困惑

一老板叫一员工去买复印纸,员工买了三张复印纸回来,老板大叫,三张复印纸,怎么够? 我至少要三摞。员工第二天去买了三摞复印纸回来,老板一看,又叫,你怎么买了B5的? 我要的是A4的! 员工过了几天买了三摞A4的复印纸回来,老板骂道:怎么买了一个星期才买好? 员工回:"你又没有说什么时候要。"就买复印纸而言,员工跑了三趟,老板气了三次。老板摇头叹道,员工执行力太差了! 员工心里会说,老板能力欠缺,连个任务都交代不清楚,只会支使下属白忙活! (图2-3-5)

图2-3-5　如何更高效地沟通

✎ 友情提示

团队成员不仅要有效地沟通,还要做到双向沟通,这是管理机制中最重要的一部分。

▢ 知识窗

执行力的组成要素

主体要素——领导者、每个团队成员。

理念要素——即在理解上情、结合下情中创造性执行。领导执行不是机械地、照抄照搬地去做,而是在准确理解上级领导精神的基础上,结合本部门的情况创造性地完成。

方式要素——职责要明确,奖惩制度要到位,要有系统的反馈机制,以便及时纠正。

执行力提高的方法

(1)良好的沟通是执行到位的前提。(图2-3-6)

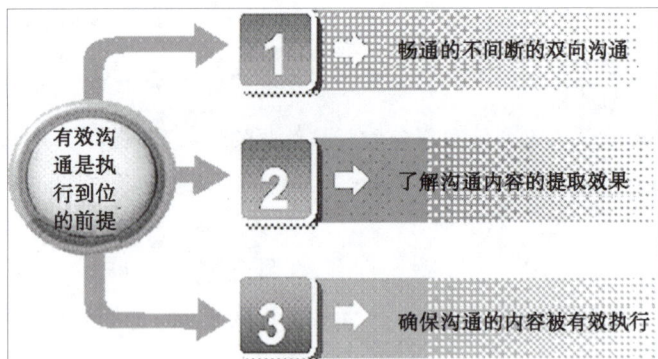

图 2-3-6　有效沟通示意图

（2）计划是执行的前提，没有好的计划就不可能有好的执行力。

①明确组织与个人的目标。

②根据自身实际制订合理计划。

③细分计划并分步落实执行。

④执行力直接决定计划的达成。

（3）良好的管理氛围有助于提高执行力。（图 2-3-7）

图 2-3-7　执行力文化示意图

三、经典案例

京东超强的执行力

　　京东总部大楼的每个洗手间都贴有"禁止吸烟"的显眼提示，并且将违反禁烟规定的处罚规定标明其上。具体处罚的措施是：发现员工在禁烟区域内吸烟一次，取消该员工当年度无息贷款资格；违反两次则影响当年晋升加薪资格；违反三次则予以开除处理。这种少见的严格控烟制度让京东总部成为标准的禁烟区，京东内部管理的执行力之强可见一斑。作为一家创业企业，京东必须通过快速发展业务来保持自己的竞争力。企业策略再有远见再出色，最终都需要企业团队的执行力来实现。正是类似禁烟制度这种严格的制度和相应的管理水平，保证了京东在各个部门、各个环节的执行能力，帮助集团和各个部门实现自己的预期目标。

?? 想一想

京东作为电商企业，执行力在各个环节有什么影响？

_____

_____

_____

四、企业文化墙

（1）接受任务不讲条件，执行任务不找借口，完成任务追求圆满。

（2）今日事今日毕，言必行，行必果，果必优。

（3）领导者要带头树立执行文化。

（4）企业是否成功，关键在于细节的执行力。

五、活动评价

本次任务主要聚焦提高团队协作力、信任力、执行力三方面知识点，通过小故事、典型案例、拓展游戏等形式帮助学生由浅入深地理解相关概念内涵，帮助学生在日常生活及日后工作中提高团队工作效率。

六、合作实训

某电商专业 3 班的班长李红最近遇到了烦心事，她发现新选的 4 名小组长对于平时她下达的任务总是互相推诿，可想而知，任务的落实结果很不如意。请你帮她出出主意。具体任务：

1.请你分析那 4 名小组长互相推诿的原因可能有哪些。

_____

_____

_____

2.请你帮助李红想想可以让小组长更好地完成任务的方法，并写下来给她。

_____

_____

_____

项目三
沟 通

【项目综述】

美国著名人际关系学大师戴尔·卡耐基说："一个人的成功只有15%依靠专业技术，而85%需靠人际交往、有效说话等软科学本领。"沟通是一个人事业成功的重要因素，只有良好的沟通，才能被他人理解；只有良好的沟通，才能得到必要的信息；只有良好的沟通，才能获得他人的鼎力相助，甚至达成交易。沟通也是影响一个组织管理效率的重要因素，在企业的经营管理过程中，如果能做好沟通，对促进企业绩效目标的实现能达到事半功倍的效果。畅通而有效的沟通，有利于信息在企业内部的充分流动和共享，有利于提高企业工作效率，促进企业决策的科学性与合理性。

本项目主要结合大量企业关于沟通的真实案例，让学生了解沟通的内涵与重要性；通过游戏、团队活动等形式让学生学会沟通的方法和提高沟通效果的技巧，并从中学会如何进行有效的沟通。

【项目目标】

通过本项目的学习，应达到的具体目标如下：

知识目标

◇了解沟通的内涵及要素。

◇认识沟通的重要性及类型。

◇了解有效沟通的原则。

技能目标

◇掌握有效沟通的方法与技巧。

◇能运用有效沟通的方法及技巧与客户进行有效沟通。

情感目标

◇培养学生的表达能力。

◇提升学生的沟通技巧与能力。

【项目任务】

任务一　学习沟通的内涵

任务二　认识沟通的重要性

任务三　提高沟通的效果

任务一 〉〉〉〉〉〉〉〉
学习沟通的内涵

一、情景设计

云马美容器械有限公司是一家专门销售美容器械的零售商和代理商，在消费者中享有较高的地位。

在三八妇女节来临之际，销售部主管马林临时召开会议，为了提高销售业绩，要求业务员小刘和业务员小黄制订销售方案。销售方案要求维系老客户，寻找新客户，并且还要注意退货率。由于时间非常紧迫，会议没有给大家互相讨论的时间就匆匆结束了。

会后，小刘制订的销售方案是以老带新，老客户推荐新客户将给予更大的优惠，从而寻找更多的潜在客户，以此提高销售业绩。小黄的销售方案是在售后服务中修改相关规定，在享受优惠的同时不支持退货服务，以此来避免退货对销售业绩的影响。

?? 想一想

为什么两个业务员设计的销售方案差别那么大？你认为主管马林应该怎样组织临时会议，才能使小刘和小黄的方案目标一致？

二、任务分解

为了帮助主管马林解决小刘和小黄销售方案的分歧，使他们的销售方案目标一致，我们需要了解沟通的含义、目的和三要素，下面我们将进行三个小活动，让大家初步了解沟通的内涵。

活动一　什么叫沟通

活动背景

在平时的沟通过程中，我们经常使用单向的沟通方式，接受者往往只会按照自己的理解而行动，最终导致事情的发展和实际要求出现很大的差异，而使用双向沟通之后，虽然差异明显减少，但依然存在。

活动实施

?? 想一想

（1）两轮游戏结果一样吗？

（2）为什么可以自由发问后还是有误差？

✏️ 做一做

表 3-1-1

环节	组织者	口令	要求
第一轮游戏	教师	（1）全体闭眼 （2）拿起纸 （3）将纸对折 （4）撕掉右下角一个1厘米长和1厘米宽的小块 （5）再次对折	只有教师发布口令，所有学生不能说话
第二轮游戏	组长	（6）撕掉左下角一个1厘米长和1厘米宽的小块 （7）再次对折 （8）撕掉右下角一个1厘米长和1厘米宽的小块 （9）睁开双眼 （10）打开你手中的纸	组长和组员可以自由提问任何问题

📖 知识窗

沟通

沟通是信息的交换和意义的传达，也是人与人之间传达思想观念、沟通情感的过程。沟通的信息不仅要从发送者传递到接收者，而且还要被接收者充分理解，所以，沟通是一个双向、互动的信息传递和反馈过程。（图 3-1-1）

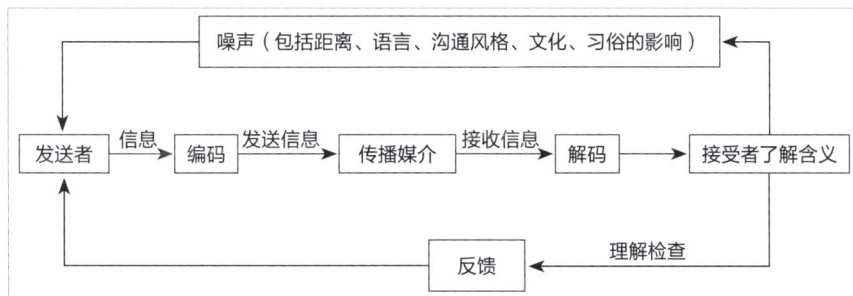

图 3-1-1 沟通的经典模型

（1）沟通者。在沟通过程中，至少有两个人参与信息交换，而且在持续的信息交换过程中，每一个人既是信息的来源（发送者），又是信息的受者（接收者）。沟通者通过语言和非语言的信息传递含义。

（2）信息。发出者和接收者是沟通的主体，而信息是沟通传递的客体。

（3）渠道。是信息得以传递的物理手段和媒介，是连接发送者和接收者的桥梁。个人媒介包括信件、电话、传真等；大众媒介包括报刊、书籍、广播等。

（4）噪声。噪声是指通过扭曲传递的信息，从而导致收到的信息与发送的信息不一致的任何干扰沟通成功的因素。噪声是妨碍理解和准确解释信息的任何障碍。物理上/外部噪声来源于环境，它阻碍听到信息或理解信息，心理上/内部噪声发生在沟通者的头脑中。

（5）反馈。当发送者确定信息是否已经被成功地接收，并确定信息所产生的影响的过程。

（6）背景。所有的沟通都发生在一定的背景下，并被当时的背景所影响。

综上所述，沟通是为了一个设定的目标，把信息、思想和情感在个人或群体间传递，并且达成共同协议的过程。

活动二　沟通的目的

活动背景

> 在受到客观环境限制的情况下如何沟通才能更好地说明事物，以建立和谐信赖的关系，一起合作完成共同的目标，达到某种目的。

活动实施

?? 想一想

（1）在游戏进行过程中，小组成员都进行了怎样的沟通？

（2）没有蒙眼睛的小组成员应为同伴做怎样的指引或提示？

（3）大家怎样认识沟通对于团队合作的意义？

✎ 做一做

（1）用绳子围成一个半径为两米的圈，将装满水的一次性杯子放在圈心。

（2）二人小组中的一个被蒙上眼睛，负责把圈中的水杯移到圈外。

（3）该小组没蒙眼睛的另一人必须站在圈外，不得进入圈内。

（4）小组中没蒙眼睛的成员不得直接参与游戏，只能为蒙上眼睛的同伴指引或指示。

（5）将水杯完全移出圈外且水杯溢出的水不超过 1/4 才算成功。

▢ 知识窗

沟通的目的

沟通的目的主要有以下 3 个（图 3-1-2）：

（1）说明事物。发信者陈述一些事实，以影响受信者的看法、想法。

（2）表达感情。发信者将自己的感觉、态度表达出来，使受信者得到感应，从而建立和谐信赖的关系。

（3）进行企图。为了工作顺利推进或者达成某种目的，必须完成某种使命。

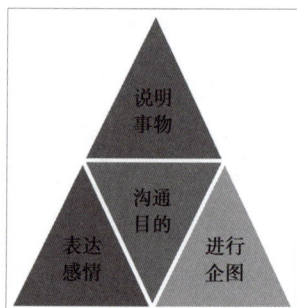

图 3-1-2

活动三　沟通的三大要素

活动背景

▎日常生活中我们经常与人对话，那么沟通和闲聊怎么区别？

活动实施

?? 想一想

（1）大家是否愿意将自己的卡片交给别人？当别人给自己卡片时，你有什么感受？

（2）当团队内部无法进行沟通时，大家应该怎么做？

做一做

（1）将硬卡纸剪成若干小卡片（图 3-1-3），分别装入一个信封内，每 5 个学生发一个信封。

（2）学生通过沟通，互相交换小卡片，以拼出正方形为目的。

（3）最快完成正方形的小组胜利。

知识窗

沟通的三大要素（图 3-1-4）

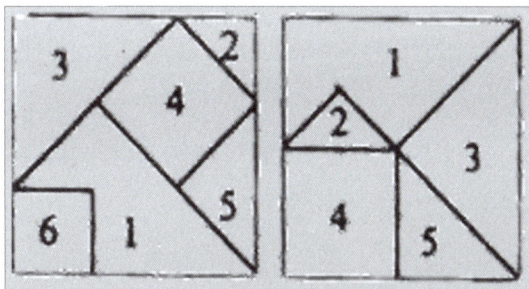

图 3-1-3

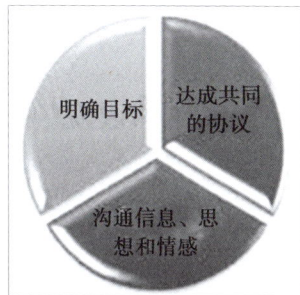

图 3-1-4

（1）明确目标。有明确的目标，是沟通最重要的前提之一。所以，沟通时说的每一句话需能达到发送的目的，这是非常重要的，也是你的沟通技巧与能力在行为上的体现。

（2）达成共同的协议。沟通结束后一定要形成双方或多方都共同承认的协议，只有形成了协议才叫作完成一次沟通。

（3）沟通信息、思想和情感。沟通的内容包含信息、思想和情感的沟通，在沟通过程中，信息并不是主要内容，更为重要的是传递彼此之间的思想和感情。

三、经典案例

玛丽凯化妆品公司的沟通

玛丽凯·阿什是近年来美国企业界升起的一颗新星。她于 1963 年退休后，用 5000 美元积蓄办起了玛丽凯化妆品公司，开业时雇员仅 9 人。20 年后，该公司发展成为雇员 5000 多人，年销售额超过 3 亿美元的大企业。

玛丽凯·阿什的最大成功之处在于她擅长人际关系学，懂得与人的沟通，将这种沟通充分地运用于企业管理的方方面面。

在她还没有创业的时候，一次，为了与副总裁握手，她整整等了 3 个小时，当终于等到与副总裁握手的时候，副总裁看的却是自己身后等候接见的队伍。直到今天，她一想起这件事就伤心。她发誓，一旦有一天她也成为副总裁那样的人时，她一定会将所有的注意力都集中在站在面前的和自己握手的人身上。即使累得筋疲力尽，也必须把精神集中在面前的这个人身上，因为你永远不能用你不喜欢被对待的方式对待任何人。

每当销售主任来到公司所在地参加培训时，阿什都给他们的家人写信，向他们的家人说明参加培训对他们今后的工作大有益处，并为他们能来参加培训表示感谢。阿什总会在他们抵达公司的星期一将信寄出去，因为这样，信就可以在销售主任家中洗涤槽里堆满脏餐具而其家人不得不动手干活而赌气的时候寄到。

职工进入公司满一年时，公司送给他们每人一只纪念手镯，那是一只镶有饰物的金手镯，当进入公司三周年、六周年、九周年的时候，他们得到的纪念品会是其他首饰。当他们参加公司 15 周年时，他们得到的是一条镶有钻石的首饰。

公司里的人彼此从不互称先生或小姐，阿什办公室的门总是敞开着，尽管这样会有很多人来打扰，但是至少可以告诉别人你可以来找她讨论任何重大问题。有一次，一个人走进她的接待室，不声不响地坐在那里，也没有说要找什么人。最后，负责接待的人员走过去问他："先生，我能为你做什么吗？""不用，我来这儿只是为了给汽车蓄电池充电。我一天到晚同各个公司的门房打交道，时不时会受到呵斥。可你们这儿呢，人人高兴，人人笑脸相迎，就像到了明媚的阳光下。我一到你们公司就感到心情舒畅。"

阿什喜欢与人接触，她会使每个人都感到被她欣赏，因为她始终认为：重视与别人的接触和沟通是获得事业成功的保障。

四、企业文化墙

一个人不和别人打交道，不是一个神就是一个兽。

——亚里士多德

与人交谈一次，往往比多年闭门劳作更能启发心智。思想必定是在与人交往中产生，而在孤独中进行加工和表达。

——列夫·托尔斯泰

最理想的朋友，是气质上互相倾慕，心灵上互相沟通，世界观上互相合拍，事业上目标一致的人。

——周汉晖

现实生活中有些人之所以会出现交际的障碍，就是因为他们不懂得忘记一个重要的原则：让他人感到自己重要。

——戴尔·卡耐基

有效的沟通取决于沟通者对议题的充分掌握，而非措辞的甜美。

——葛洛夫

一个人的成功是 15% 依靠专业技术，而 85% 却要依靠人际交往、有效说话等软科学本领。

——戴尔·卡耐基

五、合作实训

学校学生会学生干部换届并进行选举大会，请各学习小组分别邀请嘉宾评委，通知候选人、投票人准时参与学生干部换届选举大会。

实训要求：

（1）制作邀请函或通知。

（2）发放邀请函或通知时拍摄录像，记录与当事人沟通的过程。

（3）确定出席嘉宾评委、候选人与投票人名单。

六、活动评价

任何的沟通形式及方法都不是绝对的，但最终都需要沟通思想与感情，并达成共同的协议。成功的沟通需要有明确的沟通目的，依赖于沟通者双方对彼此的了解，同时受沟通环境的限制。通过沟通活动，团队成员相互传递大量的信息，明确团队的目标和愿景，知道自己要做什么、怎样做，同时，团队成员在活动中有可能会产生挫折感或满足感，沟通能够化解负面情绪，以实现团队的协同和高效行动，共同完成目标。

任务二 >>>>>>>>
认识沟通的重要性

一、情景设计

在三八妇女节大促销活动中，销售员小刘与一家长期合作的美容机构签订了一张订单，美容机构要求新订购的美容机器需在10天内到货，她们要进行美容师培训和新项目推出计划。小刘参考前段时间物流配送的情况，大概3天就能到货，就爽快地答应了美容机构的要求。

由于大促销，物流配送应接不暇，结果无法在10天内完成货物配送，导致美容机构的美容师需要加班进行培训，才能在三八妇女节中顺利推出新的美容项目。为此，美容机构非常不满地向总公司进行了投诉。

小刘第一时间向美容机构的负责人道歉，并解释此次配送不及时的客观原因，但小刘的解释并不能消除美容机构负责人对公司这次失误的不满。主管马林作出决定，带领销售团队及物流配送队伍，上门向美容机构负责人及全体美容师道歉，并承诺此批机器终生保养与维修，最终才化解了此次投诉事件。

?? 想一想

在这时候，什么沟通方式才是有效的?

_____

_____

二、任务分解

主管马林上门道歉才最终化解了此次的合作危机，我们可以认识到沟通的重要性，选择正确的沟通方法进行沟通会事半功倍。下面我们进行三个小活动，帮助大家了解沟通的作用、类型以及方法。

活动一　沟通的作用

活动背景

每个人都有自由与独立的思想和世界观，对同一件事都有自己的认知和想法，但有些事情往往需要团队合作和集体的力量才能完成，这时在执行过程中就需要协调沟通、交流合作来达成统一的思想和行动。

活动实施

?? 想一想

（1）到船沉没的时候，是否仍有小组没有统一意见？

（2）小组在讨论中是否设立了讨论标准？

（3）小组中是否有互相妥协的情况出现？如果有，应如何解决？

做一做

（1）教师向学生讲述故事情景：一艘在海洋上航行的轮船不幸触礁，还有20分钟就要沉没。船上有16个人，可唯一的救生小船只能容6人，哪6个人应该上救生船呢？

（2）请学生独立对人物的重要性进行排序，见表3-2-1（最重要的填1，次重要的填2，以此类推，最不重要的填16）。

（3）学生分组讨论，最后统一意见。

（4）找出个人选择与小组选择的差异。

表 3-2-1　人物重要性排序表

人物重要性排序表					
人物情况			个人选择顺序	小组选择顺序	差异
船长	男	45 岁			
船员 A	男	30 岁			
船员 B	男	28 岁			
船员 C	男	23 岁			
副省长	男	62 岁			
副县长	女	39 岁			
副县长的儿子	男	12 岁			
海洋学家	男	52 岁			
生物学家	女	33 岁			
生物学家的女儿	女	3 岁			
警察 A	男	40 岁			
警察 B	女	34 岁			
罪犯（孕妇）	女	29 岁			
医生	男	44 岁			
护士	女	23 岁			
因公负伤的重病人（昏迷）	男	26 岁			

沟通的作用

（1）满足人们彼此交流的需要。

（2）使人们达成共识，促进更多的合作。

（3）能获得有价值的信息，并使个人办事更加井井有条。

（4）使人清晰思考，有效把握所做的事。

活动二　沟通的方法

活动背景

　　沟通的时机、途径、环境和对象等的选择，是完成目标非常重要的一个环节。沟通过程中，沟通的内容不同，应答对象与应答方式不同时，会产生不同的感受与结果。下面让学生一起来学习各种沟通的方法。

活动实施

?? 想一想

组员互相讨论活动时的情况并说出感受。

✎ 做一做

（1）6人为一组，每人一张椅子，3张在外圈，3张在内圈相对，每张椅子上有一封信，信内有一张小卡片写上指示。

（2）3人在外圈（A1、A2、A3），3人在内圈（B1、B2、B3），面对面坐。

（3）第一回合：A1、A2、A3根据卡片上的指示向B1、B2、B3讲述自己的一件事，分别是开心的、难过的和生气的。

（4）B1、B2、B3根据卡片上的指示反应，分别是亲切、漠不关心和答非所问。

（5）完成后，进行第二回合，外圈组员顺时针带着卡片走，而内圈组员逆时针不带卡片走。

（6）三个回合后，活动完成。

沟通的方法

（1）选择沟通的时机。沟通的合适时机是指已经具备沟通的客观条件，且双方都愿意进行对话的时候。孔子说：言未及之而言谓之躁；言及之而不言谓之隐；未见颜色而言谓之瞽。

用现在的话来说就是：话还没说到那，你就出来发表意见，这叫毛毛躁躁；话题已经说到这了，你本来应该自然而然地往下说，可你却吞吞吐吐、遮遮掩掩，这叫有话不说；不看别人脸色，上来就说话，这叫睁眼瞎。从以上内容可以看出，选择沟通的时机是相当重要的。

（2）选择沟通的途径。选择一个正确的途径，它能使双方的交流更加顺畅。针对沟通的内容是正式的沟通还是非正式的沟通，选择书面沟通还是口头沟通、语言沟通还是非语言沟通，在进行有效沟通前，首先要合理选择以上的途径，以免在沟通中不能达到理想的沟通目标。

（3）选择沟通的环境。一个良好的交流环境直接关系着沟通是否达到目标，所以选择一个恰当的时机与合适的环境至关重要。

（4）学会相互尊重。根据马斯洛的需求层次理论，人们不但要满足生理、安全上的需求，还需要实现自我价值。所以，在沟通过程中要把沟通对象放到与自己平等的位置上，还要尽量设身处地地为别人着想，尊重自己的同时还要尊重别人，这样不仅能更好地与沟通对象和睦相处，还能得到沟通对象的认同。

（5）注意倾听对方。"倾听是沟通的一半。"倾听，需要你用心地去听对方讲话，领悟对方的感受，在必要时，需要作出一定的反应，哪怕是点头、微笑，至少能让对方知道你在认真地听，找到知心的感觉。李开复先生认为同理心是人际交往过程中能够体会他人的情绪和想法、理解他人的立场和感受，并站在他人的角度思考和处理问题的能力，这样才能有效沟通，并解决问题。

活动三　沟通的类型

活动背景

团队沟通协作不仅依赖于言语沟通，还依赖于各种形式的非言语沟通。非言语沟通是不包括口头语言的个体之间的交流，这种交流依赖于面部表情、视觉接触和身体语言。

活动实施

?? 想一想

（1）用时最短的小组获胜的关键在哪里？

（2）用时最长的小组失败的原因在哪里？（表3-2-2）

表 3-2-2

环节	内容	规则	图示
1	背对背拥抱	2个人背夹一个气球，走到下一站点（向前走时，双手和手臂不能碰到球，否则总时长加3秒；球掉落或球爆后从起点重新开始游戏）	
2	接力桥	一定距离内，2人将一个乒乓球通过道具送到固定位置的一次性水杯中则挑战成功（传球者不能带着道具移动，否则总时长加3秒）	
3	你画我猜	一人比画，另一人猜题，一共5道题目，猜对3道即可通关（注：表演动作者不准出声或提示，否则总时长加3秒）	
4	杯子运水	4个人都咬着一次性水杯，第一个人的杯子中装有适量的水，将水杯中的水倒入下一个人的杯中，如此反复，直至最后一个人将水倒入桌子上的杯中（桌上的杯子带有刻度线，低于黑线则总时长加3秒，低于红线则总时长加5秒）。整个过程不许用手，否则总时长加3秒	

注：100秒内没有完成的队伍，则游戏重新开始；2次挑战的游戏时长都未在100秒内，则挑战失败

🔲 知识窗

沟通的类型

（1）正式沟通和非正式沟通：

正式沟通是通过企业、团体、组织规定的沟通渠道，进行信息的传递和交换的方式。如项目例会、项目计划、项目报告、变更大会、合同和协议、组织与组织间的往来公函等。

非正式沟通是通过正式沟通渠道以外的渠道进行的信息传递和交换的方式，如私聊、过年过节的问候等。

（2）垂直沟通和水平沟通：

垂直沟通分为上行沟通和下行沟通，均属于上下级之间的沟通方式。

平行沟通是平等组织、企业、部门、团队成员之间的沟通方式。

（3）单向沟通和双向沟通：

单向沟通是指在沟通过程中只有发送者发送信息，接收者接收信息，单一方向的交流，缺乏信息的反馈。单向沟通如报告会、演讲等。

双向沟通是指在沟通过程中，发送者和接收者经常互换角色，发送者把信息发送给接收者，接收者接收到信息后，要以发送者的身份反馈信息，直到沟通完成。双向沟通如讨论会、商业洽谈、技术交流等。

（4）语言沟通和非语言沟通：

语言沟通包括口头语言、书面语言、图片或者图形。口头语言包括面对面谈话、开会等。书面语言包括信函、广告、传真、邮件等。图片包括幻灯片、电影等，这些都统称为语言沟通。

非语言沟通即肢体语言沟通，包括动作、表情、眼神。

三、经典案例

企业成功源于沟通——沃尔玛

美国沃尔玛公司总裁萨姆·沃尔顿曾说过："如果你必须将沃尔玛管理体制浓缩成一种思想，那可能就是沟通。因为它是我们成功的真正关键之一。"

沟通就是为了达成共识，而实现沟通的前提就是让所有员工共同面对现实。沃尔玛要做的就是通过信息共享、责任分担实现良好的沟通交流。

沃尔玛公司总部设在美国阿肯色州本顿维尔市，公司的行政管理人员每周花费大部分时间飞往各地的商店，通报公司所有业务情况，让所有员工共同掌握沃尔玛公司的业务指标。在任何一家沃尔玛商店里，都定时公布该店的利润、进货、销售和减价的情况，并且不只是向经理及其助理公布，同时也向每个员工、计时工和兼职雇员公布各种信息，鼓励他们争取更好的成绩。

沃尔玛公司的股东大会是全美最大的股东大会，每次股东大会公司都尽可能地让更多的商店经理和员工参加，让他们看到公司全貌，做到心中有数。每次股东大会结束后，萨姆·沃尔顿都和妻子邀请出席会议的员工约 2500 人到自己的家里来参加野餐会，并在野餐会上与众多员工聊天，大家可以畅所欲言，讨论公司的现在和未来。为保持整个组织信息渠道的通畅，他们与各工作团队成员全面注重收集员工的想法和意见，通常还带领所有人参加"沃尔玛公司联欢会"等。

萨姆·沃尔顿认为让员工了解公司业务进展情况，与员工共享信息，是让员工最大限度地干好本职工作的重要途径，是与员工沟通和联络感情的核心。而沃尔玛也正是借用共享信息和分担责任，适应了员工的沟通与交流需求，达到了自己的目的：使员工产生责任感和参与感，意识到自己的工作在公司的重要性，感觉自己得到了公司的尊重和信任，从而积极主动地努力争取更好的成绩。

四、企业文化墙

如果你是对的，就要试着温和、有技巧地让对方同意你；如果你错了，就要迅速而热诚地承认。这要比为自己争辩有效和有趣得多。

——卡耐基

谈话，和作文一样，有主题，有腹稿，有层次，有头尾，不可语无伦次。

——梁实秋

一个人必须知道该说什么，一个人必须知道什么时候说，一个人必须知道对谁说，一个人必须知道怎么说。

——德鲁克

倾听对方的任何一种意见或议论就是尊重，因为这说明我们认为对方有卓见、口才和聪明机智，反之，打瞌睡、走开或乱扯就是轻视。

——霍布斯

五、合作实训

各小组召开一个关于校园展销会的会议，小组成员讨论展销会当天的分工。

实训要求：

（1）确定主持人和记录人。

（2）上交会议记录和确定分工与人员。

（3）每个同学写一份对会议过程讨论的感受体会。

（4）假设有一个同学需要参加考试无法出席会议，撰写一份请假条交给主持人。

六、活动评价

通过本任务的活动，学生认识到沟通不仅依赖于语言沟通，还要依赖于各种形式的非语言沟通，因为适当的非语言沟通能弥补某些状态下语言沟通的不足，提高团队默契，增进团队感情。同时在沟通时，让彼此先说出自己的意见，互相尊重对方，注意倾听对方并给予正确的回应，多方面、多角度地广泛征求意见，能更准确有效地把握事情，达成共识，促进合作。

任务三 >>>>>>>>>
提高沟通的效果

一、情景设计

小刘刚办完一项业务回到公司，就被主管马林叫到了他的办公室。

"小刘，今天业务办得顺利吗？"主管问。

"非常顺利，马主管，"小刘兴奋地说，"我花了很多时间向客户解释我们公司产品的性能，让他们了解我们的产品是最适合他们使用的，并且在别家再也没有这么合理的价钱，因此，很顺利地把公司的机器推销出去了100台。"

"不错，"马林赞许地说，"但是，你完全了解客户的情况吗，会不会出现反复情况呢？我们部门的业绩和推销出的产品数量密切相关，如果他们把货退回来，对我们的士气打击会很大，你对那家公司的情况真的完全调查清楚了吗？"

"调查清楚了呀，"小刘兴奋的表情消失了，取而代之的是失望的表情，"我先在网上了解到他们需要供货的信息，又向朋友了解他们公司的情况，然后才打电话到他们公司去联系的，而且我是通过你的批准才出去的呀！"

"别激动嘛，小刘，"马林讪讪地说，"我只是出于对你的关心才多问几句的。"

"关心？"小刘不满道，"你是对我不放心吧！"

??想一想

在这个案例中，小刘和主管马林在沟通过程中出现了什么错误？

_____

_____

二、任务分解

在上述情景中，从主管马林和销售小刘的对话中我们可以发现，主管马林没有运用正确的沟通方法和技巧，所以出现了"沟"而"不通"的情况，即无效沟通。以下三个活动，可以帮助大家了解如何运用正确的沟通原则，提高沟通技巧，达成有效沟通。

活动一　有效沟通是企业提升管理效率的关键

活动背景

> 企业在经营管理中，由于人与人之间、部门与部门之间缺乏有效沟通和交流，常常会遇到一些摩擦、矛盾、冲突、误解。这将影响公司的气氛、员工的士气、组织的效率，使企业难以形成凝聚力。有效沟通可以解决管理过程中信息传递的问题，明确工作目的，激励员工。

活动实施

?? 想一想

（1）作为总经理，你如何向部门经理下达任务？

（2）作为秘书，你怎样才能将信息传递好？

（3）作为部门经理，你如何与上下级进行沟通？

做一做

（1）教师让学生分别担任总经理（1人）、总经理秘书（1人）、部门经理（1人）、部门经理秘书（1人）和员工（4人）。

（2）总经理通过自己的秘书向部门经理下达一项任务，该任务就是员工（在戴眼罩的情况下）把一根绳子（20米长）做成正方形（边长5米）。

（3）总经理不得直接指挥员工，必须通过秘书将任务指令下达给部门经理。

（4）部门经理如有疑问要通过自己的秘书向总经理请示。

（5）部门经理指挥员工完成任务，部门经理在指挥时应与员工保持5米以上的距离。

活动二　正确沟通的基本原则

活动背景

> 语言和态度是人与人之间沟通时的两大主要方面。在有冲突的时候，有的人说话就是火上浇油，而有的人说话就是灭火器，效果是完全不同的。

活动实施

?? 想一想

（1）什么是激怒性词汇？我们在什么时候使用过这些词汇？

（2）如果你无意说的话被人认为是激怒行动的，你会如何反应？你认为是你自己的看法重要，还是别人对你的看法重要？

（3）当你无意说了一些激怒别人的话，你认为该如何挽回？

做一做

（1）学生分成3人一组，要保证是偶数组，每两组进行一场游戏；告诉他们：他们正处于一场商务场景当中，比如商务谈判，老板对员工进行业绩评估。

（2）给每个小组一张白纸，让他们在3分钟内用头脑风暴列举出尽可能多的会激怒别人的话语，比如：不行、这是不可能的等；每一个小组要注意不能让另外一组事先了解到自己会使用的话语。

（3）每一个小组写出一个1分钟的剧本，要尽可能多地出现那些激怒人的词语。

（4）评分标准：①每个激怒性的词语给1分；②每个激怒性词语的激怒程度给1~3分不等；③如果表演者在使用激怒对方的词语中表现出真诚、合作的态度，另加5分。

（5）一个小组先开始表演，另一个小组的学员在纸上写下他们所听到的激怒性词汇。

（6）表演结束后，表演的小组确认他们所说的那些激怒性的词汇，必要时要对其作出解释，然后两个小组调过来，重复上述过程。

（7）第二个小组的表演结束之后，大家一起分别给每一个小组打分，给分数最高的那一组颁发"火上浇油奖"。

知识窗

正确沟通的基本原则[1]

（1）尊重原则。相互尊重是有效沟通的前提。在沟通过程中，听不进别人的意见、建议，盛气凌人、刚愎自用等，这些都是不尊重人的表现。在沟通中沟通双方应相互尊重，如尊重人格、尊重不同观点等。

（2）坦诚原则。在沟通过程中，坦率、真诚，有什么不同意见、建议应直言相告、开诚布公，这有利于提高沟通质量。反之，如果沟通双方缺乏坦诚态度，相互指责、攻击，不仅无助于问题的解决，而且还会扩大甚至激化矛盾。

（3）平等原则。在沟通过程中，企业领导要克服地位、职务的障碍，以与沟通者平等的身份参与沟通。尊重科学，以理服人，这是管理者应遵循的道德规范；反之，如果以权势压制真理、不同意见，那么，企业领导与员工的沟通生命也就停止了。

---

1 姚先娇.沟通的原则、方法和技巧［J］.中国培训，2001（10）：7-9.

（4）开放原则。沟通者以开放的心灵和胸襟面对同他人的沟通，乐于接受新思想、新观念和新知识；反之，抱有自以为是、故步自封的心态，就会失去向别人学习的机会。

（5）真实原则。沟通是传递信息的过程，虚假的信息不仅严重制约着沟通的质量，而且还会导致决策失误。因此，在沟通过程中，要敢于讲真话、讲实话，这有利于通过沟通达到解决问题的目的。

活动三　与客户沟通的技巧

活动背景

商品的推销和售后服务是一个公司销售人员经常面对的事情，怎样才能与顾客进行很好的沟通，让他们对公司的产品感到满意，是每一个营销管理人员应该考虑的问题。

活动实施

?? 想一想

（1）对于A来说，B的无礼态度让你有什么感觉？在现实工作中你会怎样对待这些顾客？

（2）对于B来说，A怎样做才能让你觉得很受重视、很满意，如果在交谈的过程中，A使用了像"不""你错了"这样的负面词汇，你会有什么感觉？谈话还会成功吗？

做一做

（1）将学员分成两人一组，A扮演销售人员，B扮演顾客。

（2）场景一：A现在要将公司的某件商品卖给B，而B则想方设法地挑这件商品的各种毛病。A的任务是一一回答B的这些问题，即便是一些吹毛求疵的问题也要回答得让B满意，不能伤害B的感情。

（3）场景二：假设B已经将本商品买了回去，但是商品现在有了一些小问题，需要进行售后服务，B要讲一大堆对商品的不满，A的任务仍然是帮他解决这些问题，提高他的满意度。

（4）双方交换角色，然后再做一遍。

（5）将每组的问题和解决方案公布于众，选出最好的组给予奖励。

知识窗

沟通的技巧

沟通的技巧见图3-3-1。

（1）熟悉自己的产品。在同质化产品竞争激烈的时代，对于自己的行业领域要尽量做到专业。

（2）以对方为中心。在商务交往过程中，务必要记住以对方为中心，放弃自我中心论。尊重自己也尊重别人，恰到好处地表现出来，就能妥善地处理好人际关系。

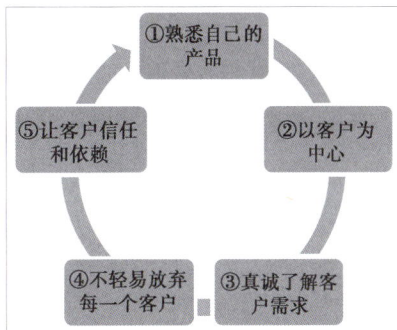

图 3-3-1

（3）真诚地了解客户需求。很多时候，我们明明知道客户需要我们的产品，但是客户就是不愿意接受。这时候就要认真倾听客户的需求，作出相应的调整，在合适的时候才说出自己的产品优势，在情感上客户更易接受。

（4）不要轻易放弃每一个客户。客户对企业的发展是至关重要的。被客户拒绝了，要及时找出原因，客户发脾气了，要学会冷静处理，客户有强制要求了，要学会先退后进。

（5）让客户对自己产生信任和依赖。一般来说，我们对自己信任和依赖的人都会言听计从，因为他们是值得信赖的。所以，在跟客户交流时可以展现自己的专业和贴心，用自己的口碑赢得客户的信任，用专业水准让客户产生依赖。

三、经典案例

真诚地了解客户需求——约翰·柯威尔 [1]

约翰·柯威尔曾经在惠普公司担任销售代表，当他为惠普服务时，惠普公司才刚刚涉足信息领域，当时几乎信息领域的所有客户都只知道 IBM。

有一次，约翰·柯威尔准备到一家公司推销惠普电子设备。在他刚表明身份时，那家公司的经理就告诉约翰·柯威尔："你不需要在这里浪费时间，我们一直以来都与 IBM 保持着良好的合作关系，而且我们还将继续合作下去，因为除了 IBM，我们不相信任何公司的产品。"

约翰·柯威尔仍然微笑地注视着那位公司经理，他的声音中没有半点沮丧："史密斯先生，我想知道，您认为 IBM 公司的产品确实值得您信赖，是吗？"

公司经理回答："那当然了，这还用说吗？"约翰·柯威尔继续问道："那么，您能否说一说，您认为 IBM 公司产品最令您感到满意的特点有哪些？"

公司经理饶有兴致地答道："说起来那就太多了，IBM 的产品质量一直都是一流的，这一点大家有目共睹。而且这些产品的研究技术在全球也没有几家公司可比。更重要的是，IBM 有着多年的良好信誉，它几乎就是权威的标志。我想仅仅是这些特点，就很值得我继续与其保持合作了。"

1　李先国，曹献存 . 客户服务实务 [M]. 北京：清华大学出版社，2006.

约翰·柯威尔又问："我想，您理想中的产品不应该仅仅包含这些特征吧？如果 IBM 能够做得更好，您希望他们有哪些改进？"

公司经理想了想回答说："我希望某些技术上的细节更加完善，因为我们公司的员工有时会埋怨某些操作不够简便，可是我不知道现在有没有办法解决这些问题。当然了，如果 IBM 愿意的话，我还希望产品的价格能够再低一些，因为我们公司的需求量很大，每年花在这上面的费用一直居高不下。"

约翰·柯威尔此时胸有成竹地告诉公司经理："史密斯先生，我要告诉您一个好消息，您的这两个愿望我们都可以满足。我们公司的技术人才同样是世界一流的，因此对于产品的技术和质量您都不用担心。同时，正因为我们公司的这项业务刚刚起步，所以操作起来就更加灵活，我们的技术部门完全可以按照您的要求对贵公司订购的产品进行量身定做。而且我们的价格更低，因为我们就是先以低价策略打开市场，赢得一些像您这样的大客户的支持。"

看到自己提出的几项条件惠普基本都能满足，公司经理当即表示先购进一小批产品试用。

四、企业文化墙

一位优秀的管理人员应该多听少讲，也许这就是上天为何赐予我们两只耳朵，一张嘴巴的缘故吧。

——玛丽凯·阿什

管理就是沟通、沟通再沟通。

——杰克·韦尔奇

无论何时，管理者应将沟通视为最重要的工作，职位越高，沟通工作更为重要。

——戴尔·卡耐基

如果你必须将沃尔玛管理体制浓缩成一种思想，那可能就是沟通。因为它是我们成功的真正关键之一。

——萨姆·沃尔顿

作为福特公司的董事长，我告诫自己必须与各层级确立和谐关系，不可在沟通上无能为力。

——亨利·福特

管理者的最基本功能是发展与维系一个畅通的沟通管道。

——巴纳德

我们总是将焦点集中在内部沟通，而忘了对外与顾客的沟通。

——麦克法霖

五、合作实训

财务部陈经理每月按照惯例请手下员工吃饭，一天，他走到休息室叫员工小马，通知其他人晚上吃饭。快到休息室时，陈经理听到休息室里有人交谈，他从门缝看过去，原来是小马和销售部员工小李在里面。小李对小马说："你们陈经理对你们很关心，我见他经常请你们吃饭。""得了吧。"小马不屑地说，"他就这么点儿本事笼络人心，遇到我们真正需要他关心、帮助的事情，没有见他办成的。就拿上次公司办培训班的事情来说，谁都知道如果能上这个培训班，工作能力会得到很大提升，升职机会也会大大增加。我们部门几个人都想去，但陈经理一点儿都没察觉到，也没积极为我们争取，结果让别的部门抢了先。我真的怀疑他有没有真正关心过我们。""别不高兴。"小李说，"走，吃饭去。"陈经理只好满腹委屈地躲进了自己的办公室。

六、实训要求

（1）小组讨论案例中上司和下属在沟通过程中的错误主要有哪些。

（2）根据上述故事，从选择时机、途径、环境等多个方面考虑陈经理应该怎么与小马沟通解决这个问题，各小组以小视频拍摄一段情景剧上交。

七、活动评价

在企业中，沟通的对象非常多，例如企业内部与上级、同事的沟通，企业外部与客户的沟通等。不管沟通的对象是谁，我们在沟通的过程中，要时刻保持谦虚谨慎的态度，互相尊重，注意倾听。同时，语言的选择非常重要，同样的意思用不同的话语，表达出的意思是不一样的，多用一些积极的词，尽量避免使用一些否定的、消极的话语，并了解沟通对象的需求，这样才能让沟通对象心里觉得舒服，让客户满意，达成交易。

项目四
匠　心

【项目综述】

匠心对现代企业文化建设起着举足轻重的作用，它是企业文化的核心，是现代企业得以优势发展和长足发展的重要基石。本项目包括三个任务：认识匠心的内涵，认识匠心的外部特征，培养匠心精神。每个任务包括三个活动。其中认识匠心的内涵的活动是：认识匠心、认识匠心的基本类型、认识匠心的要素；认识匠心的外部特征的活动是：认识匠心的发展历程、认识匠心在现代企业发展中的作用、认识匠心的特征；培养匠心精神的活动是：认识我国"大国工匠"的发展战略、认识职业院校培养匠心精神的重要性和如何培养匠心精神。通过这些活动逐渐培养学生耐心、坚持、敬业的精神。让学生树立学好专业知识的愿望，并初步设立自身的发展目标。循序渐进地培养学生的敬业、精益、专注、创新的匠心精神。

【项目目标】

知识目标

◇掌握匠心的含义和发展历程。

◇了解匠心的基本理论，知道匠心的特征、意义和作用。

◇了解匠心在企业文化中的作用和地位。

技能目标

◇掌握如何在现代企业工作中树立匠心意识。

◇掌握如何在现代企业工作中做到有敬业精神。

◇掌握如何在现代企业工作中耐心做好每一项任务。

情感目标

◇培养学生树立耐心、坚持、敬业的精神，并初步设立自身的发展目标。

◇培养学生树立学好专业知识的愿望。

【项目任务】

任务一　认识匠心的内涵

任务二　认识匠心的外部特征

任务三　培养匠心精神

任务一 >>>>>>>>>>
认识匠心的内涵

一、情景设计

2016级电商专业的学生陈××在"双十一"之前，接到2015级师兄所在企业的工作，要求拍摄淘宝60秒主图视频。在机遇面前，他感到压力很大，虽说学过摄影、拍摄视频与后期课程，但是并没有实际操作过。在机遇与困难面前，他不知道怎么办？（图4-1-1）

图 4-1-1

二、任务分解

为了让学生认识匠心的内涵，老师通过介绍企业家、教育家让学生了解匠心的概念，观看央视《大国工匠》系列报道，学习认识匠心的基本类型，让学生掌握匠心的要素，弘扬"尊重劳动、尊重创造"的社会风尚，让学生从心底里了解什么是匠心。（图4-1-2）

图 4-1-2

活动一 认识匠心

活动背景

著名企业家、教育家聂圣哲曾呼吁："中国制造"是世界给予中国的最好礼物，要珍惜这个练兵的机会，绝不能轻易丢失。"中国制造"熟能生巧了，就可以过渡到"中国精造"。"中国精造"稳定了，不怕没有"中国创造"。千万不要让"中国制造"还没有成熟就夭折了，路要一步一步走，人动化（手艺活）是自动化的基础与前提。要有工匠精神，从"匠心"到"匠魂"。（图 4-1-3）

图 4-1-3

活动实施

✎ 做一做

【要求】

学生上网搜索有关匠心的案例以及关于匠心的解释。在下节课上课时，每个小组派一位同学上台演讲给全班同学听，并决胜出演讲内容和台风最好的一组同学。

【形式】

全班分成 6 组，自由组合，每 6~8 人为一组。（图 4-1-4）

图 4-1-4

匠心

匠心又叫"工匠精神"，最早出自聂圣哲。匠心是一种职业精神，它是职业道德、职业能力、职业品质的体现，是从业者的一种职业价值取向和行为表现。工匠精神是指工匠对自己的产品精雕细琢、精益求精的精神理念。

工匠们喜欢不断雕琢自己的产品，不断改善自己的工艺，享受着产品在双手中升华的过程。工匠精神的目标是打造本行业最优质的、其他同行无法匹敌的卓越产品。概括起来，工匠精神就是追求卓越的创造精神、精益求精的品质精神、用户至上的服务精神。

活动二　认识匠心的基本类型

活动背景

国务院总理李克强在 2020 年两会期间举行的中外记者招待会上深刻指出，要发扬工匠精神，提高中国企业的产品质量，持续响应供给侧结构性改革要求。为了不断适应转型升级、提质增效的经济发展新常态，作为企业来说就必须持续进行提高产品质量、创新产品功能、优化产品服务等供给侧改革，才能在日益激烈的市场竞争中赢得市场认可与客户信赖，获得科学可持续发展。

活动实施

匠心的类型

匠心是劳动者在特定行业的劳动过程中形成的一种行为习惯，它是嵌入社会制度结构中形成并起作用的，属于生产体系的一个组成部分。

不同的生产制度安排会催生不同的工匠精神。根据上述标准，可以将工匠精神细分为两种：累积型工匠精神、急进型工匠精神。

累积型工匠精神是指需要依托生产操作经验基础而形成的行为习惯；急进型工匠精神则是指依托系统性理论知识学习和研究反思的基础而形成的行为习惯。

两者都强调个体的态度和努力。两种类型的区别是：（1）累积型工匠精神在养成路径上更强调干中学，稳定的、长时段的历史传承很重要；（2）急进型工匠精神在养成路径上更强调系统性的实验性开发，且更注重灵活、弹性以及流动性；（3）在适用的产业类型或者工艺工序上，累积型工匠精神更适用于装备制造业及硬件的制造工艺工序；而急进型工匠精神更适用于信息科技等新兴产业以及软件的开发；（4）两者之间更重要的区别在于其依赖的匹配制度基础是不同的。

✏️ 做一做

小组合作制作精美的PPT，下节课上课时在全班同学面前，每组再另派一位同学上台讲解和分享。（图4-1-5）

图 4-1-5

活动三 认识匠心的要素

活动背景

> 制造业是国民经济的主体，是立国之本、兴国之器、强国之基。当前，我国制造业大而不强，科技含量不高，发展日渐乏力，结构调整和转型升级的任务越来越紧迫。这就需要弘扬工匠精神，通过科技创新与技术创新推进制造业的质量升级、技术升级、产业升级，真正实现从量到质、从速度到效益、从旧动力到新动力的更迭转换。说到"工匠精神"，我们总会想到瑞士的手表、德国的机械、日本的管理。正是由于对"工匠精神"的尊重和坚守，才造就了这些国家名企辈出、品牌辈出。

活动实施

🔲 知识窗

匠心的要素

匠心的第一要素是对本行业的信心和热情。

现代企业中任何能够完成优秀业绩的人，无不因为他们热爱自己的工作。《论语》中，有这样的一句话："知之者不如好之者，好之者不如乐之者。"这句话明确概括了匠心的第一要素。

匠心的第二要素是对本行业的耐心。

孔子曰："学如不及。"求知永无止境。这不限于某一特定范围，而适用于我们生活中的方方面面。我们在生活中，只要仔细观察，就不难发现那些不断研究、探索，在某一领域独辟蹊径的人。孔子就是一位代表人物。像他自己说的"学如不及"一样，当许多弟子向他求知时，他从不骄傲自满，而是不断地学习、积累并总结经验。

匠心的第三要素是恒心。

我们一般把那些通过不断努力超越一般境界的人叫作"匠人"。但我们周围缺少真正称得上"匠人"的人。成为匠人，需要时间，需要经历种种痛苦和挫折。勇敢地直面困难，坚强地走出困境，才能达到匠人的境界。

匠人传授手艺的同时，也传递了耐心、专注、坚持的精神，这是一切手工匠人必须具备的特质。这种特质的培养只能依赖于人与人的情感交流和行为感染，这是现代大工业的组织制度与操作流程无法承载的。"工匠精神"的传承，依靠言传身教的自然传承，无法以文字记录，以程序为指引，它体现了旧时代师徒制度与家族传承的历史价值。（图 4-1-6）

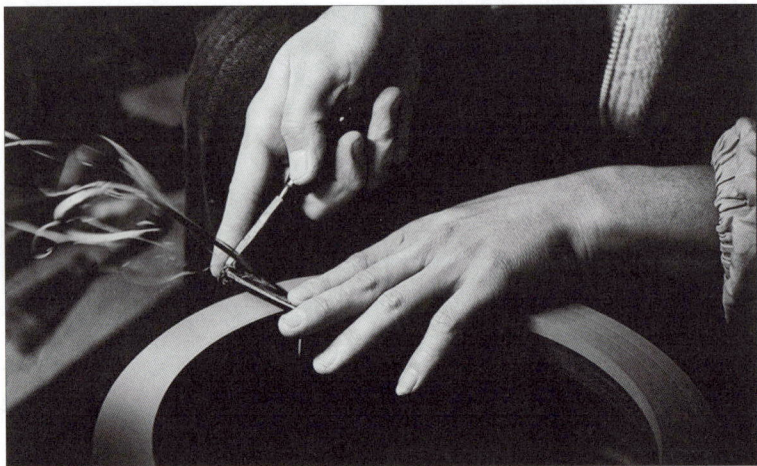

图 4-1-6

✎ 做一做

【目的】

（1）增强团队意识，提升团队观念；（2）加强队员耐心、专注、坚持、创新途径；（3）注意工作的专注力；（4）认识到一个团队缺少任何一个人的参与都不行；（5）知道一个团队的方向的重要性。

【要求】

小组同学共同合作，发扬匠心精神，一起用水彩或油画的形式画一幅寓意美好职业愿景的图画。发挥想象力、耐心和专注力，共同绘制未来美好职业愿景。下节课上课时在全班同学面前分享出来，老师评选出画得最好的一组。（图 4-1-7）

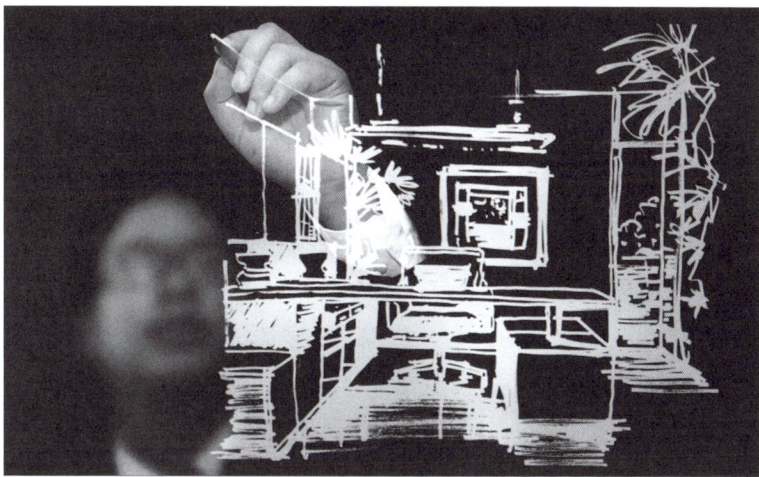

图 4-1-7

三、经典案例

高铁大国工匠：李万君

为了在外国对我国高铁技术封锁面前实现"技术突围"，中车长春轨道客车股份公司高级技师李万君凭着一股不服输的钻劲儿、韧劲儿，经过多次试验，取得了一批重要的核心试制数据，积极参与填补国内空白的几十种高速车、铁路客车、城铁车转向架焊接规范及操作方法，先后进行技术攻关 100 余项。（图 4-1-8）

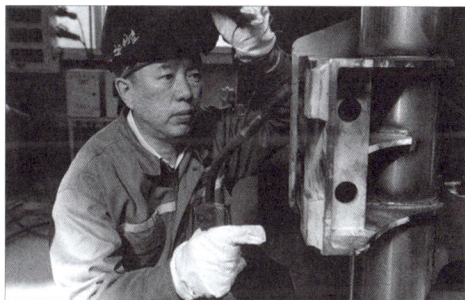

图 4-1-8

如今，中车长春轨道客车股份有限公司的转向架年产量超过 9000 个，比庞巴迪、西门子和阿尔斯通世界三大轨道车辆制造巨头的总和还多。

作为中国第一代高铁工人的杰出代表，工作 30 年，李万君凭借自己精湛的技艺成为公司转向架制造中心的焊接大师、首席操作师，同时还获得了中华技能大奖，被人们称为"工人院士"。但他更看重"师傅"这个名称：经他培训的 400 多名学员，全部考取了国际焊工资格证书，为打造一批"大国工匠"储备了坚实的新生力量……

他见证高铁技术从追赶者变成了领跑者。2018 年，在得知自己成为"感动中国"2018 年度人物时，李万君深情地说："成为'感动中国'2018 年度人物，我感到很荣幸，这个荣誉不是我个人的，而是整个中车、我们吉林省的。作为第一代高铁员工，我见证了高铁技术从追赶者变成了领跑者，我骄傲，我自豪，同时也感到了自己身上的责任……高铁有 394 道工序，每一道都不容失误，我们要坚持工匠精神，做好自己的本职工作，使我们的团队技术更加成熟，保证高铁又稳又快地奔跑，同时创造具有我国自主知识产权的品牌。"他说，他就是一名技术工人，离开了生产一线啥也不是。他这辈子很幸运，能分配到长客，赶上了高铁发展的时代，才让他这样的技术工人有机会回报企业，报效国家。所以，他下决心干好高铁，变中国制造为中国创造，让每一个技术工人都能当上创新主角，像动车组一样，节节给力，人人添彩！（图 4-1-9）

图 4-1-9

电商团队案例

某职业技术学校几个优秀的 2016 级学生邓某某、陈某某、郑某某，会制作主图视频，并且已经成功接拍企业产品，还在企业老师的协助下新开了一家制作视频的网店。

自从该校 2015 级电商学子在教育部组织的第十三届全国中等职业文明风采大赛视频类竞赛中荣获国赛三等奖和广东省赛一等奖之后，加上近年电商流行的主图视频营销，为了切合企业实际需求，增强电商学子的就业技能，电子商务专业部在原有商品摄影课程的基础上，又增设了视频制作课程。部分对摄影和视频制作感兴趣，又吃苦耐劳的同学勤学多练，自然脱颖而出！他们的成功历经了学习、探索、规范、提升，再到传承和创新的过程，是对个人和团队的雕琢和打磨，同样蕴含着三年做好一件事的匠人之道。

在"双十一"之前，他们接到 2015 级师兄所在企业的任务，要求拍摄淘宝 60 秒主图视频。在机遇面前，他们感到压力很大，虽说学过摄影、视频拍摄与后期制作，但是没有实际操作过。

他们决定排除万难，尽力完成师兄交给的任务。

在产品寄到之前，他们就开始准备，在广州迅拍文化传播有限公司总经理、企业老师英俊的指导下，在淘宝上找到相似视频研究练习。在3天时间里，他们用相似道具进行模仿拍摄练习。

第四天，收到师兄寄来的产品时，本来信心满满的他们马上就碰壁了，由于更换了道具，需要重新布光、摆放和设计场景，足足用了3天时间才拍摄完成。

可是，经验的不足，导致灯光布置不恰当，反光部分没有处理好。商品的镜头不够丰富。英俊老师要求他们重新拍摄，前6天的努力白费了。

于是他们重新分析拍摄产品所需镜头，前景、中景、全景的运用，灯光布置，反光物体的反光处理等。一直以来的努力和用心让他们更加熟悉拍摄技巧，只用两天就完成了重新拍摄，当老师点头说OK时，他们才松了一口气。

师兄要求增加配音讲解，由于同学的配音效果不理想，于是在与师兄沟通后，改为字幕加音乐的方式。他们用两天时间认真编辑、制作，最后将1分钟的视频编辑完成，并得到了师兄的赞赏，同时接到第二件产品的拍摄任务，这次他们只用了5天时间就把视频制作完成了。

通过完成两次录制主图视频任务，他们与老师共同探讨并得到专业部的大力支持，决定借用老师的企业资源，搭建一个可供电商专业学生长期锻炼、学习、实战的平台——开淘宝店铺，承接拍摄主图视频、电子相册制作等业务。（图4-1-10）

图 4-1-10

蓝月亮

蓝月亮品牌诞生于1992年，是以消费者为核心、以创新为驱动力的家庭清洁解决方案提供商，旗下拥有衣物清洁护理、个人清洁护理和家居清洁护理三大系列共73个品种的产品；至今，蓝月亮洗衣液连续11年（2009—2019年）、洗手液连续8年（2012—2019年）

行业市场综合占有率第一；蓝月亮洗衣液、洗手液品牌力指数连续 10 年（2011—2020 年）第一。（图 4-1-11）

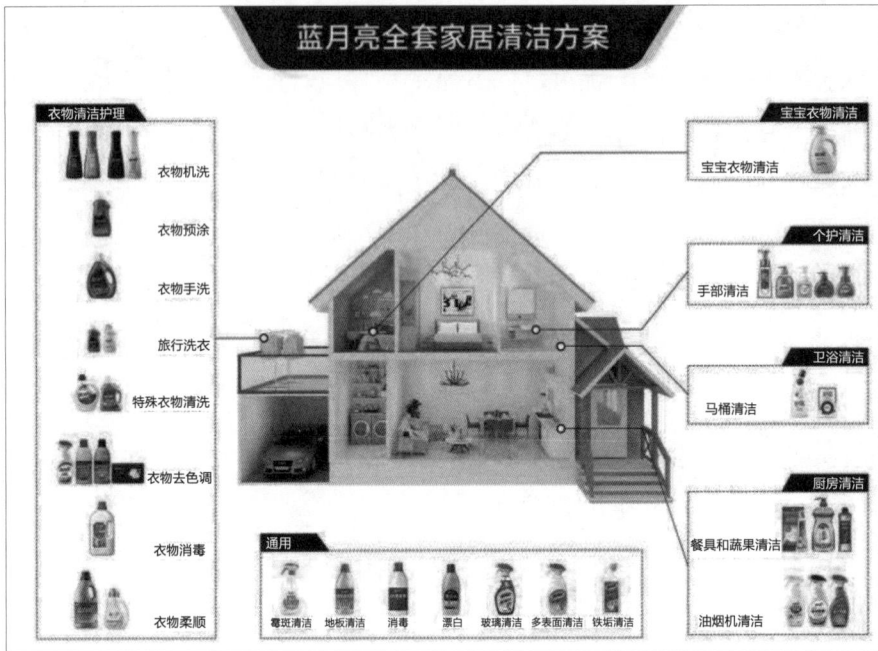

图 4-1-11

2008 年，蓝月亮率先向全国推广洗衣液，打破了十几亿中国人的洗衣习惯，开创中国洗衣"液"时代。2015 年，蓝月亮突破技术难关，推出国内首款采用泵头计量式包装"浓缩＋"洗衣液机洗至尊，再一次掀起中国洗涤市场变革，推动行业浓缩升级。2018 年，"至尊"洗衣液丰富了国内衣物洗涤剂高端市场，引领行业进入生物科技洗衣液时代。2019 年，蓝月亮创新推出天露餐具果蔬洁净精华、油污克星泡沫型、卫诺除霉去渍剂、净享微米泡沫氨基酸洗手露四款新品，帮助消费者更加轻松地解决家居清洁难题，实现洁净无忧。

28 年行业深耕，蓝月亮秉承着"一心一意做洗涤"的宗旨，以优质产品为根本、以科技创新为驱动力，走出了一条中国品牌独有的发展壮大之路。（图 4-1-12）

图 4-1-12

蓝月亮公司企业文化：

蓝月亮愿景：让每一个家庭生活在蓝月亮的世界里，洁净、健康、舒适、体面、快乐。

蓝月亮使命：提供卓越产品、极致服务、专业咨询，让消费者洁净无忧。

蓝月亮价值观：为用户，更卓越。

四、企业文化墙

（1）争做一流员工，共造一流产品，同创一流企业。（图 4-1-13）

（2）我不去想是否能够成功，既然选择了远方，便只顾风雨兼程！（图 4-1-14）

（3）生活因拼搏而存在，拼搏因生命而永恒。（图 4-1-15）

图 4-1-13 图 4-1-14 图 4-1-15

【说一说】

在将来的工作中如何将专业知识和匠心结合起来，构造美好的职业蓝图和愿景。

_____

_____

_____

_____

_____

_____

五、任务评价

匠心的精髓是用心活、用心干、用心经营、用心诠释人生。匠人一般是指技艺高超的手艺人，也指有相当写作水平的人。这些人往往追求更高的技术或艺术境界，所以，匠人一般是说一个人对某种技艺或艺术已达到很高的水平。匠人精神是只要专注、踏实地做好一件物品，哪怕只是一颗螺丝钉，也能获得成功。（图 4-1-16）

图 4-1-16

制造业是国民经济的主体，是立国之本、兴国之器、强国之基。当前，我国制造业大而不强，科技含量不高，发展日渐乏力，结构调整和转型升级的任务越来越紧迫。这就需要弘扬工匠精神，通过科技创新与技术创新推进制造业的质量升级、技术升级、产业升级，真正实现从量到质、从速度到效益、从旧动力到新动力的更迭转换。说到"工匠精神"，我们总会想到瑞士的手表、德国的机械、日本的管理。正是对"工匠精神"的尊重和坚守，才造就了这些国家名企辈出、品牌辈出。企业强大的秘诀是不断传承宝贵的"工匠精神"。

六、合作实训

【箴言遴选活动】

对于立志做一名当代工匠的职业院校学生来说，自觉汲取对自己当下和未来有益的箴言，比如"精于工、匠于心、品于行"，是我们对未来职业生涯发展的自我勉励。（图 4-1-17）

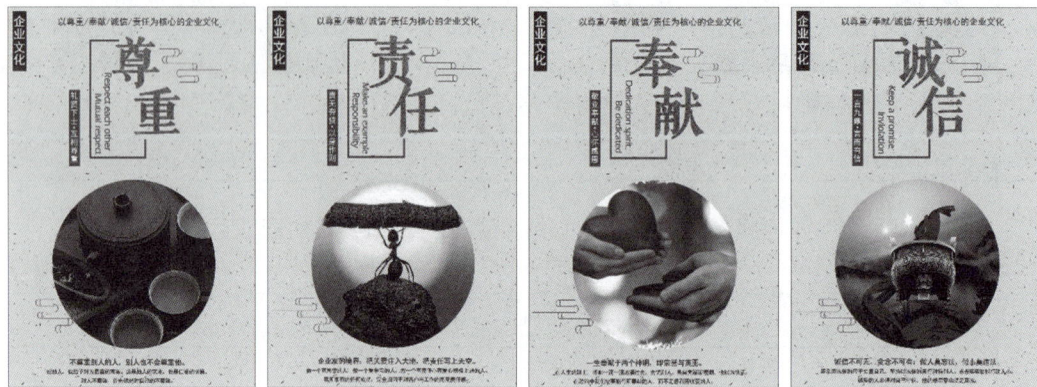

图 4-1-17

（1）根据自己对工匠精神的理解，写下自己提炼、概论或者直接从教材或网上摘录的工匠职业箴言 2~3 条。要求：言简意赅。

_____

_____

_____

（2）小组讨论。6人一组，每位同学发表自己的箴言，阐述意义，小组讨论修改形成小组认可的箴言。

_____

_____

_____

（3）小组推选代表对认可的含义进行1分钟简要阐述。

（4）全班投票选举大家最认可的箴言1~3条。

任务二 >>>>>>>>
认识匠心的外部特征

一、情景设计

很多人心中都有一个导演梦，当看到喜欢的影视情节，当心存唯美幻想时，你是否想亲自将它一一展现呢？某职业技术学校2016级电商专业有几位学生自发组成团队，参加学校"弘扬工匠精神"纪录片拍摄的比赛活动。但他们不会写剧本，不会拍摄，也不会后期剪辑，短短几秒钟的视频都没办法成功完成，这可怎么办呢？于是他们请教在校的企业兼职老师，刻苦学习拍摄技术和技巧，精益求精地撰写相关剧本，废寝忘食地钻研后期剪辑技术和方法……（图4-2-1）

图 4-2-1

二、任务分解

为了让学生掌握匠心的发展历程，了解匠心的历史渊源，老师通过介绍匠心在现代企业发展中的作用，要求学生观看央视《大国工匠》系列报道，学习多位身怀绝技、锲而不舍、耐心专注却又平凡淡泊的现代匠人的匠心精神，弘扬了"尊重劳动、尊重创造"的社会风尚，让学生掌握匠心的外特征，培养学生耐心、坚持、敬业的匠心精神。（图4-2-2）

图 4-2-2

活动一 认识匠心的发展历程

活动背景

对于当下的中国而言，无论是制造业还是信息科技产业都处于关键的转型阶段，如何摆脱对外国核心技术的依赖并形成自主创新路径，是我们实现产业创新升级必须要跨越的鸿沟。如上文所言，制造业的创新升级更依赖于累积型工匠精神，而信息科技产业则更需要急进型工匠精神。这其中匹配制度的革新尤为重要，但我以为，这过程中更为关键的是，我们需要抛弃"重研发轻生产""重学历轻技能""重数量轻实效"的二元对立的惯性思维，重新回到生产过程，在政策行动上重视生产一线的人与物，在实践中打造工匠精神，通过科学知识探索和生产经验积累的双轮驱动，才能推动中国真正迈向以质量为本的新发展模式。

从"Made in China"到"China Manufacturing"，再到中国制造2025、2035、2045，这是民族精神和民族自信的重塑。实现中国梦，不仅需要工业化、数字化、智能化，也需要工匠精神。（图4-2-3）

图 4-2-3

活动实施

知识窗

自古以来，工匠精神就是"中国气质"之一。中国自古就是一个具有创新传统和工匠精神的国度。"工匠精神"最早体现在"庖丁解牛"的故事里。故事里的厨师告诉后人：任何事要做到心到、神到，就能达到登峰造极、出神入化的境界。春秋时期，鲁班发明了木工工具、攻城器械、农业机械、仿生机械等，被视为工匠的典范与祖师。东汉张衡发明地动仪，三国诸葛亮发明木牛流马，北宋沈括撰写《梦溪笔谈》，明朝宋应星撰写《天工开物》……自古以来，我们都有"技近乎道"的"工匠精神"源流，这些都是工匠精神在我国的体现。

然而，长期以来，在世俗的眼光里，工匠所从事的劳动，不过是枯燥无味的简单劳动。在这种思想的误导下，很多年轻人不愿当技术工人，更谈不上一辈子以工匠为荣。在制造业领域，技术工人的职级和待遇普遍偏低，他们工作的积极性和创造性没有得到充分发挥。纵观世界，凡是制造业超常发展的国家，往往拥有众多的能工巧匠，特别是工匠精神深深地扎根于制造领域，形成一种现代工业文明。尤其是德国，拥有 2300 多个世界级品牌，是名副其实的制造业大国和强国。德国企业中有大量技能娴熟的工匠，他们是制造业超常发展的主力军。德国企业家认为：一个优秀的工匠，和科学家没什么两样。

匠心是社会文明进步的重要尺度，是中国制造前行的精神源泉，是企业竞争发展的品牌资本，是员工个人成长的道德指引。"工匠精神"就是追求卓越的创造精神、精益求精的品质精神、用户至上的服务精神。（图 4-2-4）

图 4-2-4

✎ 做一做

【要求】学生上网搜索有关工匠人物事迹，了解匠心的发展历程，搜索匠心在现代企业发展中的作用以及匠心的特征。下节课上课时，每个小组派一位同学上台演讲给全班同学听，并评出演讲内容和台风最好的一组同学。

【形式】全班分成6组，自由组合，每6~8人为一组。（图4-2-5）

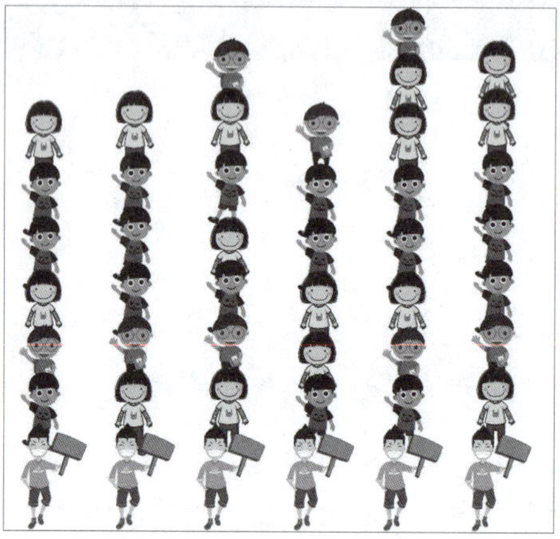

图 4-2-5

活动二 认识匠心在现代企业发展中的作用

活动背景

一个人无法改变一个世界，如果想要为国家作贡献，你就要以最优秀的人为目标。你要努力以精英的标准要求自己，燕雀安知鸿鹄之志，但是鸿鹄也要先学会飞行，学会经历风雨，学会成为鸿鹄，才能飞得高、飞得远！

活动实施

🎤 说一说

说说匠心对现代企业的作用。

_____

_____

_____

🔲 知识窗

当今社会追求"短、平、快"（投资少、周期短、见效快）带来的即时利益，而忽略了产品的品质灵魂。因此，企业更需要工匠精神，才能在长期的竞争中获得成功。当其他企业热衷于"圈钱，做死某款产品，再出新品，再圈钱"的循环时，坚持"工匠精神"的企业，依靠信念、信仰，看着产品不断改进、不断完善，最终，通过高标准要求历练之后，成为众多用户的骄傲。无论成功与否，在这个过程中，他们是完完全全地享受，也是正面积极的。

曾经，工匠是中国老百姓日常生活中不可离的职业，如木匠、铜匠、铁匠、石匠、篾匠等，各类手工匠用他们精湛的技艺为传统生活图景定下底色。随着农耕时代的结束，社会进入后工业时代，一些与现代生活不相适应的老手艺人、老工匠逐渐淡出日常生活，但工匠精神永不过时。

工匠精神就是要求企业如同一个工匠一样，琢磨自己的产品，精益求精，经得起市场的考验和推敲。工匠精神的核心是企业要追求科技创新、技术进步。如果说企业是国家的经济命脉所在，那么一个以科技创新、技术进步为主体的企业，就是民族振兴的动力源泉，是国家财富增加的源泉所在。

古语云："玉不琢，不成器。"工匠精神不仅体现了对产品精心打造、精工制作的理念和追求，还不断吸收最前沿的技术，并创造出新成果。（图4-2-6）

图 4-2-6

📎 做一做

全班同学分成几个小组一起比赛，任课老师给每组同学发相同数量的吸管，每组同学齐心协力，发挥工匠精神，在规定的时间内，看看哪组同学搭建的吸管房子最稳最高。

活动三 认识匠心的特征

活动背景

在党的十九大上，习近平总书记在报告中提出"弘扬劳模精神和工匠精神，营造劳动光荣的社会风尚和精益求精的敬业风气"。李克强总理在2016年、2017年连续两年的政府工作报告中分别提出"培育精益求精的工匠精神""要大力弘扬工匠精神"。可见，为了顺应时代发展需要，我国已经将工匠精神提高到了国家层面。这是一个制造大国走向制造强国的特征，是时代发展的需要。"工匠精神"不是工人独有的精神，应该是全民族的精神。

活动实施

▢ 知识窗

敬业、专业、耐心、专注、执着、坚持等都是匠心的特质，匠人的精神特质正是这个时代缺失的。从前的老成都有很多挑着担子走街串巷的剃头师傅，这些剃头师傅赢得老主顾，维持一家大小的生计，靠的就是手艺好，服务周到。老成都茶馆里跑堂的也有绝活，只见他拎一把大铜壶，壶嘴足有一米长，隔老远就能把滚烫的开水像挂丝一样掺到茶碗里，且滴水不漏。他们不叫跑堂的，而叫茶博士。平凡普通的工作，能干出彩，干到极致，无可挑剔，这就是工匠精神。畅销书《细节决定成败》，实际上说的就是工匠精神。工匠精神具体表现在以下几个方面：

（1）敬业。敬业是从业者基于对职业的敬畏和热爱而产生的一种全身心投入的认认真真、尽职尽责的职业精神状态。中华民族历来有"敬业乐群""忠于职守"的传统，敬业是中国人的传统美德，也是当今社会主义核心价值观的基本要求之一。

（2）精益。精益就是精益求精，是从业者对每件产品、每道工序都凝神聚力、精益求精、追求极致的职业品质。所谓精益求精，是指已经做得很好了，还要求做得更好，"即使做一颗螺丝钉也要做到最好"。正如老子所说："天下大事必作于细。"能基业长青的企业，无不是精益求精才获得成功的。

（3）专注。专注就是内心笃定而着眼于细节的耐心、执着、坚持的精神，这是一切"大国工匠"所必须具备的精神特质。从中外实践经验来看，工匠精神都意味着一种执着，即一种几十年如一日的坚持与韧性。"术业有专攻"，一旦选定行业，就一门心思扎根下去，心无旁骛，在一个细分产品上不断积累优势，在各自领域成为"领头羊"。中国早就有"艺痴者技必良"的说法，如《庄子》中记载的游刃有余的"庖丁解牛"，《核舟记》中记载的奇巧人王叔远等。

（4）创新。工匠精神还包括追求突破、追求革新的创新内蕴。古往今来，热衷于创新和发明的工匠们一直是世界科技进步的重要推动力量。中华人民共和国成立初期，我国涌现出一大批优秀的工匠，如倪志福、郝建秀等，他们为社会主义建设事业作出了突出贡献。改革开放以来，汉字激光照排系统之父王选，中国第一、全球第二的充电电池制造商王传福，从事高铁研制生产的铁路工人和从事特高压、智能电网研究运行的电力工人等都是"工匠精神"的优秀传承者，他们让中国创新重新影响了世界。

创新无止境，挑战不止息。面对国际纷繁复杂的竞争环境，我们唯有发奋图强，少点急功近利、多点专注持久，少点粗制滥造、多点优品精品，让中国创造以"落地生根"的底气，"大国工匠"的精神，"惊艳"四方，"照亮"世界。（图 4-2-7）

图 4-2-7

✎ 做一做

【目的】

（1）增强团队意识，提升团队观念。

（2）加强队员耐心、专注、坚持、创新途径。

（3）注意工作的专注力。

（4）认识团队的协作能力。

（5）了解一个团队的方向的重要性。

【要求】

小组同学共同合作，发扬匠心精神，一起用老师发的木质材料，共同制作一个手工"房子"，房子里面有各种室内摆设和设计。在下节课上进行分享，老师评选出做得最好的一组。（图 4-2-8）

图 4-2-8

三、经典案例

匠心团队——正能量的外贸电商团队

当第十三届全国中等职业学校"文明风采"竞赛活动的通知下达到某班级时，经过电商专业部与企业教师的动员、培训，某中等职业学校电商学生踊跃报名，自发组成四个团队，参加"弘扬工匠精神"纪录片的拍摄。经过一个多月的努力，四个团队制作的三部纪录片——《传承》《同路人》与《舌尖上的外贸》在"校园风采"弘扬工匠精神的主题纪录片比赛中脱颖而出，成功进入省赛。

从写剧本、拍摄场景到后期的剪辑，他们前前后后花了一个多月的时间。制作纪录片前期，他们完全没有头绪，不仅缺乏经验，而且完全不懂得怎么使用剪辑软件。短短几秒钟的视频他们反复录制了很多次。

在拍摄 2013 级师兄的淘宝工作室这个镜头时，几个人扛着几十斤重的拍摄道具箱步行到师兄的工作室，拍摄到晚上 10 点半才匆匆赶回学校。

在后期剪辑纪录片的过程中，他们不断摸索着怎么使用剪辑软件，遇到团队成员解决不了的问题就请教老师。纪录片刚刚有些起色，就因移动硬盘出现故障导致剪辑软件轨道无法显示。无奈之下，他们只能从头开始剪辑视频。眼看着交作品的日期临近，他们顶着沉重的压力剪辑视频、构思旁白、选择合适的背景音乐。配音的同学每一句话都要反复录制很多遍，只为了达到最完美的效果。

元旦前一天，他们持续工作了 16 个小时，在他们共同的努力下，9 分钟的视频终于完成了！

匠心精神贯穿了从选料、画样、成型、雕刻、开脸到抛光的全过程。

他们成立电商专业纪录片拍摄团队，历经创办、探索、规范、提升，再到传承、创新，是个人与团队的雕琢、打磨，同样蕴含着三年做好一件事的匠人之道，是一种情怀，一份执着、坚守和责任。团队还采访了一线工匠，感受工匠魅力，传播工匠精神，刻苦钻研技术，服务企业。（图 4-2-9—图 4-2-11）

图 4-2-9

图 4-2-10

图 4-2-11

四、企业文化墙

（1）热爱自己所做的事，精益求精，精雕细琢。（图 4-2-12）

（2）我们的理念是：没有最好，只有更好。（图 4-2-13）

（3）持续改善是企业文化的精髓。（图 4-2-14）

图 4-2-12   图 4-2-13   图 4-2-14

五、任务评价

　　一直以来，中国都是举世公认的"世界工厂"，"中国制造"畅销全球。流传过这样一个笑话，很多到国外旅游的人带回来的很多纪念品都是"中国制造"，这些无时无刻不在提醒着中国是个制造大国。如今，这种形象正悄然发生改变：嫦娥四号探测器成功发射，第二艘航母出海试航，国产大型水陆两栖飞机水上首飞，北斗导航向全球组网迈向坚实一步等。"中国制造"正从低附加值的加工制造，逐步向高技术、高质量、高品质的"中国创造"转变。"中国创造"离不开创新，创新从来不是孤立的概念，适用于社会生活的方方面面。"中国创造"需要工匠精神。工匠精神不仅表现为注重细节、精雕细琢、追求完美，而且包括与时俱进、勇于创新。"精益求精的品质精神"是"工匠精神"的核心，只有不断地追求精益求精，才能使自己的品牌在大市场中站稳脚跟；只有不断创新，才能拥有自己的核心技术。（图4-2-15）

图 4-2-15

六、合作实训

【榜样发布活动】

　　俗话说，榜样的力量是无穷的。小时候，父母是我们的榜样；上了学，我们知道了很多像毕昇、鲁班这样的工匠，像爱因斯坦、牛顿、钱学森这样的科学家，像雷锋、焦裕禄这样的道德楷模。他们都是我们的榜样。还有很多同学崇拜文学家、影视体育明星等。把他们作为我们学习的榜样，可以开启我们的职业大门。

　　1.根据自己对榜样的理解，选出自己的榜样人物：

_____

_____

2. 自己选择他做榜样的理由是（用简要的语言概括）：

_____

_____

_____

_____

3. 向他学习，我可以从以下几点做起：

_____

_____

_____

_____

4. 小组讨论。6人一组，每个同学在小组内分享自己的榜样和理由，小组讨论决定选出公认的榜样。

_____

_____

_____

5. 小组推选代表用简练的语言（类似于颁奖词）对小组公认的榜样人物进行高度概论。

_____

_____

_____

_____

6. 全班组织评选最喜欢的榜样人物。

_____

_____

_____

_____

任务三 》》》》》》》
培养匠心精神

一、情景设计

"大国重器必须掌握在我们自己的手里",这是习近平总书记对中国制造业的谆谆嘱托。2015 年以来,中央电视台制作了《大国工匠》系列节目,节目组把目光聚焦到一群特殊的技术工人身上。他们秉承精益求精的工匠精神,懂技术能创新,为国家带来了持续创造力。他们耐心专注,咫尺匠心,诠释极致追求;他们锲而不舍,身体力行,传承匠人精神;他们千锤百炼,精益求精,打磨中国制造,为了民族复兴伟业而不懈努力。

节目播出后,观众好评如潮,社会反响热烈,从令人眼花缭乱的假日"娱乐节目"中脱颖而出,成为引人注目的主题报道,而社会媒体的广泛宣传,更是让德技之美成为一种劳动共识。为此,学校组织学生观看《大国工匠》系列节目,弘扬大国工匠精神,培养学生的匠心精神,助力创新驱动发展,实现中华民族伟大复兴。(图 4-3-1)

图 4-3-1

二、任务分解

为了让学生对匠心精神有更深刻的了解,老师通过介绍我国的"大国工匠"发展战略,让学生观看《大国工匠》系列报道,学习多位身怀绝技、锲而不舍、耐心专注却又平凡淡泊的现代匠人的匠心精神,弘扬"尊重劳动、尊重创造"的社会风尚,使学生认识职业院校培养匠心精神的重要性,以及如何培养匠心精神。(图 4-3-2)

图 4-3-2

活动一　认识我国"大国工匠"的发展战略

活动背景

　　2016 年 3 月 5 日，李克强总理在十二届全国人大四次会议上所作政府工作报告中提出："要鼓励企业开展个性化定制、柔性化生产，培育精益求精的工匠精神。"弘扬和培育工匠精神，将对我国的经济社会发展、中国制造的未来走向和人才培养模式产生深远的

活动实施

?? 想一

　　央视播出《大国工匠》系列片，介绍我国的工匠大师。你是否听说过他们的名字和事迹？

🔲 **知识窗**

李克强：做大国工匠　建制造强国

　　李克强说，要全面深入贯彻落实党的十九大精神和部署，实施创新驱动发展战略，激发"双创"澎湃活力，弘扬工匠精神，这是推动中国经济转型升级的强大动能。在全面建成小康社会和全面建设社会主义现代化国家进程中，技能人才可以大有作为，也必将大有作为。质量之魂，存于匠心。中国青年有匠心，能始终不渝追求卓越，中国品牌走向世界就有大希望。我们要让工匠精神渗入每件产品、每道工序，"差不多就行"的心态要不得，以工匠精神支撑企业家精神，支撑制造强国建设。要深化改革，完善政策，加大培养投入，加快培养能力建设，努力造就技能型劳动者大军，实现从"向人口要红利"到"向人才要红利"的转变。要大力解决技能人才发展渠道窄、待遇偏低等问题，让广大技能人才有实实在在的成就感、获得感。

看一看

观看视频《2018 大国工匠年度人物谭文波》，了解谭文波的先进事迹。（图 4-3-3）

图 4-3-3

谭文波人物介绍：技校出身，四获国家发明专利；他冒死试油，26 年死磕石油事业！

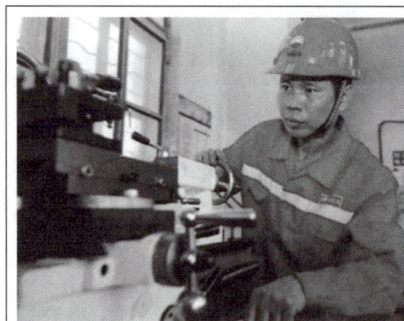

谭文波坚守大漠戈壁 20 多年，是油田里的"土发明家"。他领衔发明的具有自主知识产权的新型桥塞坐封工具，投入使用上千井次。他解决一线生产疑难问题 30 多项，技术转化革新成果 4 项，获得国家发明专利 4 项，实用新型专利 8 项。他还培养出一大批青年技术骨干，为企业创收近亿元。

做一做

观看"大国工匠 2018 年度人物"颁奖典礼，把工匠们所从事的职业填在下图中。

大国工匠	职业	大国工匠	职业
高凤林		乔素凯	

续表

大国工匠	职业	大国工匠	职业
李万君		陈行行	
夏 立		王树军	
王 进		谭文波	
朱恒银		李云鹤	

活动二　认识职业院校培养匠心精神的重要性

活动背景

　　2014 年 6 月 24 日，习近平主席在全国职业教育工作会议召开之前明确指出，职业教育是国民教育体系和人力资源开发的重要组成部分，是广大青年打开通往成功成才大门的重要途径，肩负着培养多样化人才、传承技术技能、促进就业创业的重要职责，必须高度重视、加快发展。

活动实施

　　□ 知识窗

李克强：切实把职业教育摆在更加突出的位置

加快培育大批具有专业技能与工匠精神的高素质劳动者和人才

　　推进职业教育现代化座谈会 2016 年 12 月 2 日在京召开。中共中央政治局常委、国务院总理李克强作出重要批示。批示指出：加快发展现代职业教育，对于发挥我国人力和人才资源巨大优势、提升实体经济综合竞争力具有重要意义。在各方面共同努力下，近年来职业教育改革发展取得了显著成就，应予充分肯定。"十三五"时期，希望围绕贯彻党中央、国务院重大战略部署，落实新发展理念，切实把职业教育摆在更加突出的位置，加快构建现代职业教育体系。坚持面向市场、服务发展、促进就业的办学方向，进一步深化改革创新，强化产教融合、校企合作，积极鼓励和支持社会力量参与，努力建成一批高水平的职业学校和骨干专业，加快培育大批具有专业技能与工匠精神的高素质劳动者和人才，深度融入大众创业、万众创新和"中国制造2025"的实践之中，促进新动能发展和产业升级，带动扩大就业和脱贫攻坚，为推动经济保持中高速增长、迈向中高端水平作出新贡献。中共中央政治局委员、国务院副总理刘延东出席会议并讲话。她强调，要深入贯彻党中央、国务院决策部署，认真落实李克强总理重要批示，加快推进职业教育现代化，使职业教育在决胜全面小康进程中发挥更加突出的作用。（图4-3-4）

图 4-3-4

✎ 做一做

2017年10月19日，在以职业院校学生为主体的"技能国手"第44届世界技能大赛上，中国代表团获得了15枚金牌、7枚银牌、8枚铜牌和12个优胜奖，取得了中国参加世界技能大赛以来的最好成绩。在"中国制造2025"的国家战略中，作为一名职业院校学生，怎样做到"匠心筑梦，始于足下"？（图4-3-5）

图 4-3-5

1. 各个同学在小组内发表自己的观点，组内其他同学提出疑问或异议并进行讨论。

2. 小组进行观点总结。

3. 小组代表向全班汇报本组的汇总观点。

4. 在上述环节的基础上，用简洁的语言对全班的观点进行高度概括。

_____

_____

_____

_____

【拓展游戏】

游戏一"搭纸塔"（图 4-3-6）

游戏道具：A4 纸、彩色笔、剪刀、直尺、胶水、胶带等。

要求：学生在 20 分钟内用 A4 纸搭建纸塔，需要先设计搭建方案，经过小组集体讨论和修改方案后，实施方案。搭建完成后，小组派成员进行演讲和展示。重点介绍小组是如何在活动中体现"工匠精神"的。

游戏评比：评选出"明星工匠组"。评选的标准：① 搭建纸塔的美观度、牢固度以及高度。② 成员对本组"工匠精神"的介绍。

图 4-3-6

活动三　如何培养匠心精神

活动背景

  李克强在介绍 2017 年重点工作任务时表示，2017 年要全面提升质量水平，广泛开展质量提升行动，加强全面质量管理，健全优胜劣汰质量竞争机制。质量之魂，存于匠心。要大力弘扬工匠精神，厚植工匠文化，恪尽职业操守，崇尚精益求精，培育众多"中国工匠"，打造更多享誉世界的"中国品牌"，推动中国经济发展进入质量时代。

三、经典案例

钳工界奇才方文墨 一锉一磨间的航天梦

他能把零件打磨出相当于头发丝 1/25 的精度，他想做中国最好的钳工，他就是中国航天工业集团沈阳飞机工业（集团）有限公司"80后"钳工高级技师——方文墨。（图4-3-7）

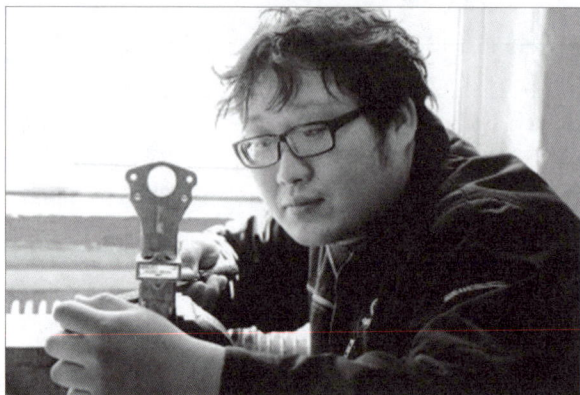

图 4-3-7

方文墨是钳工界奇才，25 岁，成为高级技师，拿到钳工的最高职业资格；26 岁，参加全国青年职业技能大赛，夺得冠军；29 岁，成为中航工业最年轻的首席技能专家。

方文墨出生在一个航空世家。姥姥、姥爷、爸爸、妈妈都是中航工业沈阳飞机工业（集团）有限公司的职工。从年少时起，父辈传承的航空报国情怀就在方文墨心里深深扎根。而厂区里，试飞的战斗机一次次呼啸着划破长空，那鹰击长空的豪情，更是让方文墨萌发了亲手制造战斗机的念头。

2003 年，方文墨以全班第一的成绩从沈飞技校毕业后，被分配到沈飞集团民品公司。

10 多年来，方文墨一头钻进钳工世界，一锉一磨地打造自己的梦想。

对方文墨而言，双手是创造和灵感的源泉。为保证手掌对加工部件的敏锐触觉，他每天都用温水浸泡双手 20 分钟，以去掉手上的茧子；大个头的他喜欢打篮球，但怕手受伤，不得不忍痛远离篮球；有一斤酒量的他，为避免工作和比赛时手发抖，索性把酒彻底戒掉。

钳工是机械工人中的万能工。在很多人看来，钳工枯燥乏味，又苦又累。但在方文墨眼里，钳工岗位是一个充满艺术灵感和生命活力的小世界。"通过打磨、加工，会赋予冰冷的零件以温度与情感，每当一个半成品零件加工完成后，我都觉得给了它第二次生命。"方文墨说。

钳工好比武术中的剑客，"站桩"练习漫长而辛苦。为了练就精湛技艺，方文墨几乎把所有时间都用来"练功"。有同事不解地说："大墨，别装了，咱再怎么练不也就是当个工人吗？"听了这话，方文墨总是认真地说："我就是当工人的料，但我要当最好的工人，做中国最好的钳工。"

几年来，技校毕业的方文墨沉浸在钳工书海中，购买 400 余本专业书籍，整理了 20 余万字的钳工技术资料，获得多项国家发明专利证书。

高精度、高质量、高效率——方文墨将此视作自己"一手托着国家的财产，一手托着战友的生命"的责任体现。从 0.1 毫米、0.05 毫米，再到 0.02 毫米、0.003 毫米，方文墨在方寸间不断缩小零件加工误差的刻度，不断磨砺，提升作为航空蓝领青年的人生精度与无悔追求。

?? 想一想

1. 一个"80 后"技校毕业生是如何打造出"文墨精度"的？这个"精度"仅仅是机械加工的误差要求吗？从中你得到了哪些启示？

_____

_____

_____

2. 你怎样看待方文墨想做"中国最好的钳工"的理想？假如将此作为你的理想，你准备怎么做？

_____

_____

_____

3. 提炼或直接引用大国工匠或其他名人的话 1~3 句（可以提醒、激励自己的警句），每句一般不超过 20 个字，并以自己喜欢的方式呈现在每天能够看到的地方，作为座右铭。

_____

_____

_____

四、任务评价

在我国，有千千万万个基层科技工作者坚守在科技创新的一线，他们可能是"大国工匠"管延安、周东红、胡双钱等，也可能是获得"国家最高科学技术奖"的袁隆平、师昌绪、屠呦呦。不论他们处于什么岗位扮演什么角色，做出的成果都离不开党和国家对科教创新工作的重视。职业教育的目标是培养学生成为未来的工匠人才。匠心精神的培育是职业院校的兴学之基、强校之魂、育人之石，职业院校要担当起匠心精神培育的重任。做好工匠精神引领下的职业教育宣传思想工作，是新时代的要求，是我国实现伟大复兴中国梦的思想阶梯，是缩短我国迈向社会主义现代化强国的有效途径，在文化传承发展中守"匠心"的同时，注重在师徒心手相传中承"匠技"，是职业院校学生工匠精神培育的有效路径。匠心精神有利于推动中国特色社会主义事业的发展。国家需要"匠心精神"，社会需要"匠心精神"，人人需要"匠心精神"。当今社会，要想在激烈的竞争中脱颖而出，必须有自己的一技之长。培养匠心精神是培养高素质技术技能人才的关键，全面小康社会的建成，需要精益求精；百年复兴梦想的实现，需要探索前行；中国社会的发展进步，离不开匠心精神的帮助。

五、合作实训

在日常学习、生活、工作中，我们网购的商品很多，而网购这些商品时，可选择的品牌也很多。以小组为单位，选出一款喜欢的商品，和同组成员讨论其优点、缺点等。

1. 根据下表要求，准备发言要点

品牌	与其他品牌的对比优势	需进一步改进的地方	给生产商的建议

2. 根据上表要点，选派代表向全班同学介绍本组选出的品牌。

3. 为本组选出的品牌的生产商写一份主题为"用匠心打造精品"的"商品质量提升建议书"（200 字左右）。

项目五
激　励

【项目综述】

　　本项目主要学习现代企业激励与激励机制，学生从了解现代企业激励的含义、类型和作用，初步学会应用所学的知识设立激励方案、制度，培养实际操作的能力。本项目尽量采用深入浅出的理论与学生耳熟能详的企业作经典案例分析讲解，层层推进，通过游戏活动环节巩固、加深学生对激励与激励机制的理解与应用。

【项目目标】

知识目标

◇了解激励的含义及类型。

◇了解激励机制的形式与作用。

◇掌握激励机制的设置。

技能目标

◇学会设立学习小组奖惩制度、制订考核方案。

◇完成企业激励机制制度、方案的拟写。

情感目标

◇培养学生通过学习发现、欣赏他人具备的优点与能力。

◇培养学生学会制订、运用激励机制，增强工作热情。

◇培养学生通过学习增强成员之间的融洽气氛，提升团队凝聚力。

◇培养学生实现个人与企业命运共同体的认识。

【项目任务】

任务一　认识激励的内涵

任务二　认识激励机制

任务三　建立激励机制

任务一 >>>>>>>>>>
认识激励的内涵

一、情景设计

    企业文化课的课堂上，郝老师正在给同学们讲述往届学生李华的故事。李华，初中毕业后因中考成绩不理想，未考上高中，进入了前程职业学校就读。在校期间，他参加了校企合作单位红太阳公司客服岗位的实习，公司对实习生做了岗前培训，执行奖勤罚懒的制度。李华用心做事，不怕辛苦，积极向前辈学习，认真做好客服工作。因李华实习阶段的表现良好，他不仅拿到令人羡慕的工资报酬，还收到了红太阳公司抛来的橄榄枝——邀请他进入该公司就业。毕业后，李华进入红太阳公司工作，正式展开职场生活。

二、任务分解

    郝老师为了让同学们懂得激励的内涵，了解激励的主要原理，组织同学们通过分析学习、生活中常见的案例与做法，辅以训练、游戏，引导大家初步认识激励的内涵。

活动一　认识激励

活动背景

> 红太阳公司的种种措施，促使李华从一个普通学生逐渐转变为一名优秀的企业员工，并且一步步挖掘出李华的潜能。那么，促使李华发生巨大变化的究竟是什么呢？

活动实施

?? 想一想

    以下案例中，人物各自的状态和心理是怎样的？

    （1）在吃大锅饭的年代（图5-1-1）：＿＿＿＿＿＿＿＿＿＿＿＿＿＿＿＿＿

    （2）实行家庭联产承包责任制后（图5-1-2）：＿＿＿＿＿＿＿＿＿＿＿＿＿＿

图 5-1-1

交足国家的，留足集体的，剩下的都是自己的

图 5-1-2

✎ 做一做

请大家一起寻找身边的激励案例，说明并分析是什么改变了我们的行为。

☐ 知识窗

激励

1. 什么是激励

激励就是组织通过设计适当的外部奖酬形式和工作环境，以一定的行为规范和惩罚性措施，借助信息沟通，来激发、引导、保持和规范组织成员的行为，以有效地实现组织及其个人目标的过程。在企业管理中，激励可以理解为企业员工的各种需要的条件，激发员工各种潜能及努力动机，使之产生实现组织目标的特定行为的过程。（图 5-1-3）

2. 激励原理

（1）马斯洛需求层次理论。马斯洛把人的需求分成生理需求、安全需求、社交需求、尊重需求和自我实现需求五类，依次从较低层次到较高层次排列。（图 5-1-4）

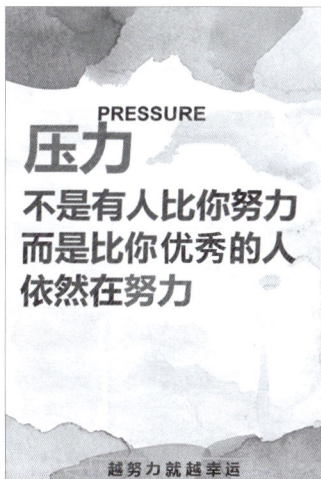

图 5-1-3

（2）期望理论。期望理论又称作"效价—手段—期望理论"，是管理心理学与行为科学的一种理论。这个理论可以用公式表示为：激动力量＝期望值 × 效价，是由北美著名心理学家和行为科学家维克托·弗鲁姆于 1964 年在《工作与激励》中提出来的激励理论。（图 5-1-5）

（3）麦克格里格的 X 理论和 Y 理论：

X 理论认为，人们生来就自私、懒惰，缺乏责任感，尽可能地逃避工作，没有上进心，

因此管理者必须时刻监视他们的工作。适用的管理方法是严格地指挥、控制、监视。

Y 理论认为，人们愿意工作并有所成就，有创造力，能够自我导向，不需时刻监管。管理者应该营造一种激励和支持性的工作氛围，使员工能将自己的目标导向组织目标，并努力去实现。（图 5-1-6）

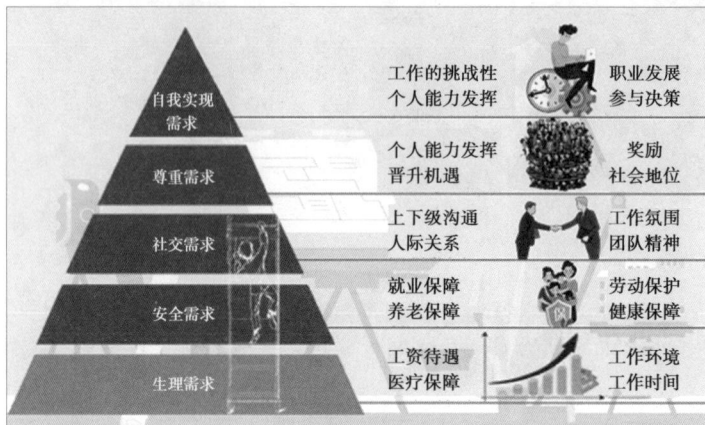

图 5-1-4

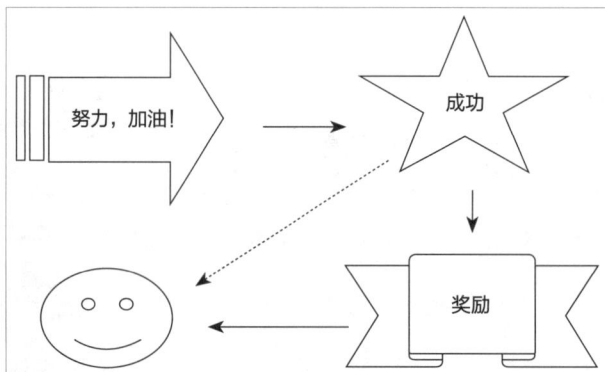

图 5-1-5

图 5-1-6

【拓展一】

叠报纸（图 5-1-7）

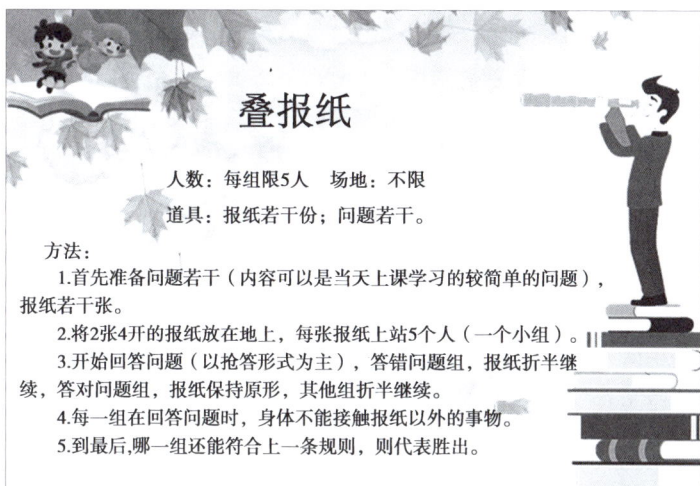

图 5-1-7

活动二 激励的特征

活动背景

通过对激励定义、原理的学习与案例分析，同学们初步掌握了什么是激励，接下来，郝老师带领大家对激励作进一步的了解。

活动实施

??想一想

请分析以下案例，说说你的认识。

（1）光明乳业 2002 年上市时即设立管理层激励基金，专项用于公司管理层激励。2004年，光明乳业使用管理层激励基金，统一从二级市场购买流通股，作为对高管完成关键经营指标的激励。在股权激励方案的刺激下，光明乳业的销售额和利润均持续增长，同时也带来一些其他的效应。企业不断扩张，不断并购一系列控股子公司，2003 年光明乳业新增控股子公司 17 家，2004 年又新增 5 家。正是在前途一片光明之时，一系列问题奶事件曝光了，光明乳业陷入了前所未有的危机。这一切是怎么发生的呢？

分析：光明乳业对于子公司的激励机制非常不利于公司整体发展。子公司众多的经理人员要么没有任何股权，要么仅持有自己子公司股权。子公司的激励方案往往跟母公司的总体目标背道而驰。光明乳业的良好品牌恰如一块公共用地，对于子公司来说是免费的。子公司拼命扩大销售和产出，因为无须负担任何品牌损失的成本，所以大家都并不在乎砸牌子，都有一种"赚了归自己，砸了光明亏"的赌博心态，最终必然酿成大祸。

激励的结果不能事先感知。激励是以人的心理作为激励的出发点，激励的过程是人的心理活动的过程，而人的心理活动不可能凭直观感知，只能通过其导致的行为表现来感知。

（2）动机是激励的核心，不同的时间、不同的地点，激励产生的动机是不同的。

激励产生的动机行为是动态变化的。从认识的角度来看，激励产生的动机行为不是固定不变的，受多种主客观因素的制约，不同的条件下其表现不同。因此，必须以动态的观点认识这一问题。

（3）为什么员工受到加薪奖励却并不开心呢？（图 5-1-8）

（4）蚂蚁举不起哑铃，是因为对它奖励的食物不够吗？（图 5-1-9）

图 5-1-8

图 5-1-9

做一做

请同学们根据激励的特征，寻找身边相关的激励案例，并分别予以解说、分析。

知识窗

（1）激励的结果不能事先感知。激励是以人的心理作为出发点的，激励的过程是人的心理活动的过程，而人的心理活动不可能凭直观感知，只能通过其导致的行为表现来感知。

（2）激励产生的动机行为是动态变化的。从认识的角度来看，激励产生的动机行为不是固定不变的，受多种主客观因素的制约，不同的条件下其表现不同。因此，必须以动态的观点认识这一问题。

（3）激励手段是因人而异的。从激励的对象来看，由于激励的对象是有差异的，所以人的需要也千差万别，从而决定了不同的人对激励的满足程度和心理承受能力也各不相同，要求对不同的人采取不同的激励手段。

（4）激励的作用是有限度的。从激励的程度上看，激励不能超过人的生理和能力的限度，应该讲究适度的原则。激励的目的是使人的潜力最大限度地发挥。但是，人的潜力不是无限的，受生理因素和自身条件的限制，不同的人发挥的能力是不同的。

【拓展二】

记忆考验（图 5-1-10）

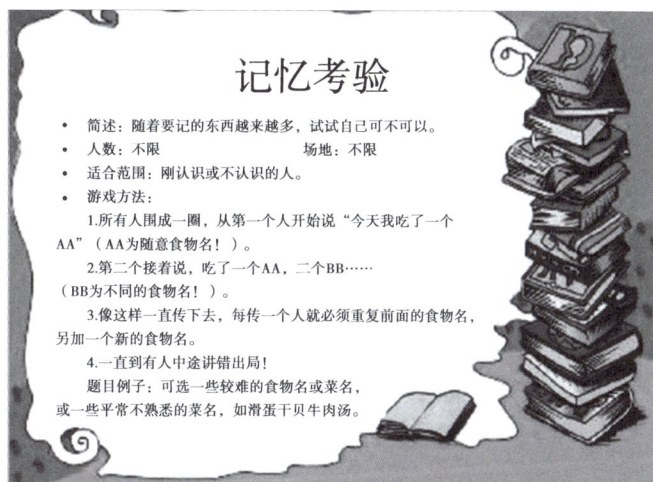

图 5-1-10

活动三　激励的作用

活动背景

> 李华在进入红太阳公司工作后，不时将自己在红太阳公司获得的待遇发到朋友圈。他的福利待遇让师弟师妹美慕不已，临近毕业的他们纷纷向红太阳公司投出了简历。

活动实施

?? 想一想

阅读以下资料，如果作为一个初入社会的就业者，你会有怎样的选择？为什么？

A 公司：知名国有企业，有稳定的工作和工资，晋升主要按资历排队。

B 公司：世界 500 强企业，职员间竞争激烈，优秀员工可获公司公费派遣进入世界一流高校深造的机会。

C公司：初创小微企业，朝阳行业，公司内部工作氛围较好，现阶段薪资水平较低。

做一做

大家寻找身边的激励案例，并举例说明。

知识窗

激励的作用

（1）吸引优秀的人才到企业来。

（2）开发员工的潜能，促进在职员工充分发挥其才能和智慧。

（3）优秀人才留在企业。

（4）造就良性的竞争环境。

【拓展三】

写出你的才干。

游戏准备：

人数：20人左右。

时间：20分钟。

场地：室内。

材料：纸、笔。

游戏步骤：

（1）给参与的学生每人发一张彩纸，写下自己的名字，在纸上列出自己的能力和才干（这些才干不一定体现在工作中，也不一定经常展现出来）。

（2）将彩纸贴在教室墙上。

（3）组织各小组检查这些贴纸，讨论该学生是否有才干被忽视了。如果有，将它们添加上去。

（4）为每位参与者挑选出所列项中尚未全力开发的才干，并向该学生询问："如何更好地使用此才干？"

游戏目的：

通过游戏了解自己的才能，并有意识地运用这些优点，起到强化自己优点，充分发挥自己才能和智慧的作用。（图5-1-11）

图 5-1-11

活动四　激励类型

活动背景

> 经过 8 年的拼搏，李华凭借连续几年遥遥领先的业绩，不仅在年会上拿到了巨额奖金，升职成为销售部门主管，还额外获得了一次与知名企业家对话的机会。

活动实施

?? 想一想

红太阳公司对李华采取了哪些激励措施？

做一做

请同学们思考后提出更多提升员工积极性的方案，并以小组为单位进行讨论。

知识窗

激励的类型

（1）正激励与负激励。正激励为奖赏，是对其行为的肯定，目的是鼓励其行为继续进行下去；负激励是对其行为的否定，目的在于制止其行为的继续。两者相辅相成，从不同的侧面对人的行为起强化作用，同等重要。例如，海尔允许员工竞争领导岗位，甚至在员工这一层面海尔也制订了"三工并存，动态转换"等奖罚措施，既通过设置切实可行的目标给人以期望，又通过制度办法刺激动机，如成为"优秀员工"的升级算是正激励，而成为"不合格员工"的降级就算是负激励。

（2）内激励与外激励。内激励是指由内酬引发的、源自工作人员内心的激励。内酬是指工作任务本身的刺激，即在工作进行过程中所获得的满足感，与工作任务是同步的。内酬所引发的内激励会产生一种持久作用。例如，一个学生，当他解出了一道难题时，他的欢欣鼓舞并不是老师所给的优良成绩，而是攻克难关、掌握知识的欢乐。外激励是工作本身和完成工作任务无内在联系的各种外在奖酬所引起的激励作用之和，如提高工资、增加奖金、提升职务等。

【拓展四】

超低空飞行：各小组派代表参加游戏，参与游戏的人依次从横杆下穿过，要求参与者只能依靠身体后仰通过（身体前倾通过为犯规），碰落横杆者淘汰出局，逐轮降低横杆高度，经若干轮淘汰，直至最后一名胜出。

准备一些学生感兴趣的物品，对胜出者给予奖励。

三、经典案例

腾硕网络

广州腾硕网络科技有限公司（2014年成立）致力于整合企业互联网应用服务，秉承"创新、求实、诚信、拼搏"的企业精神，为企业提供全方位的平台开发、推广应用、互联网运营等整体策划方案，真正实现企业互联网应用智能化，提升企业在网络经济市场的竞争力。该公司以客户为中心，以技术为基础，以质量求生存，以诚信求发展，专业、专注为客户提供一个立体化的企业互联网应用空间。广州腾硕网络科技有限公司积累了丰富的服务经验，培养了一支成熟的技术开发和运营服务团队，确保每个项目成功。（图5-1-12）

图 5-1-12

腾硕公司企业文化：

使命：引领中小企业信息化发展

愿景：成为全国优质互联网服务商

理念：提供对客户有价值的产品和服务

价值观：

诚信：说真话、做实事、信守诺言

责任：关注客户、员工、股东，创造共赢

团队：共同协作、共享共担

敬业：爱岗敬业更精业

四、企业文化墙

（1）雄关漫道真如铁，而今迈步从头越。（图 5-1-13）

（2）正视危机、增强信心、艰苦奋斗、再创辉煌。（图 5-1-14）

（3）成功的人千方百计，失败的人千难万难。（图 5-1-15）

（4）永不言退，我们是最好的团队。（图 5-1-16）

 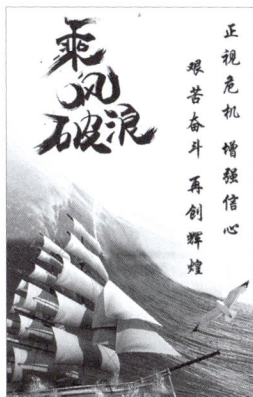  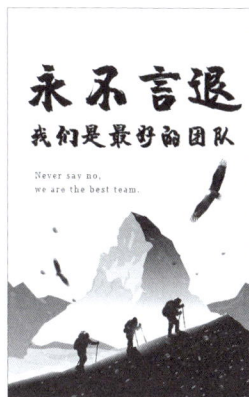

图 5-1-13 　　　　图 5-1-14 　　　　图 5-1-15 　　　　图 5-1-16

五、合作实训

班级奖惩制度是一个班级保持良好班风和学风的基石，合理的奖惩制度可以在规范班级行为的前提下激发学生的活力与创造力。

请各学习小组利用课余时间，前期以问卷、访谈等方式对本校学生的学习状况进行调查，总结与分析调查数据，然后以此为根据制订本班的奖惩制度。

活动要求：

（1）以学习小组为单位展开活动。

（2）拟订小组活动计划。

（3）设计问卷、访谈等调研内容。

（4）总结、分析调研数据。

（5）制订班级奖惩制度。

六、活动评价

这个实训活动是基于加深和巩固学生对激励相关知识的认识，增强学生运用所学解决问题的能力而设定的。活动从大家最熟悉的校园学习生活着手，首先展开对本校学生学习状况的调研，然后运用各类激励方式，设计出有效激励学生学习热情、提高学习成绩与能力的奖惩制度。活动的可操作性强，锻炼了学生理论联系实际的能力。

任务二 »»»»»
认识激励机制

一、情景设计

红太阳公司为了更快更好地发展，组织管理层探讨员工激励机制改革，时任销售主管的李华参与其中。凭借多年销售一线工作及管理经验，李华献言献策，提出了许多员工激励机制的设想和建议。

二、任务分解

为了让同学们在认识激励的基础上初步认识激励机制，郝老师组织同学们分析李华的事例，引发大家的思考与讨论，进而指导他们初步认识激励机制的内涵、形式与作用。

活动一　什么是激励机制

活动背景

> 郝老师给同学们讲述李华的事迹，大家一边羡慕师兄的发展，一边想着他会给公司提些什么设想和建议。

活动实施

?? 想一想

如果你是李华，你会为红太阳公司提出哪些员工激励制度的设想和建议呢？

✎ 做一做

请以学习小组为单位，运用头脑风暴列举出激励学生学习的方法。

▢ 知识窗

激励机制

激励机制是指通过特定的方法与管理体系，将员工对组织及工作的承诺最大化的过程。激励机制是在组织系统中，激励主体系统运用多种激励手段并使之规范化和相对固定化，而与激励客体相互作用、相互制约的结构、方式、关系及演变规律的总和。激励机制是企业将远大理想转化为具体事实的连接手段。（图5-2-1）

图 5-2-1

【拓展一】

班级分若干小组，以小组为单位设立排行榜，教师根据教学要求对小组完成任务、参加活动的表现情况每次给予不同分值的奖罚，每周按小组得分排出第一名、第二名、第三名等，以此类推。（也可设立奖项，根据成绩奖励实物或者特殊权利等。）

活动二 激励机制的主要形式

活动背景

在郝老师的引导与讲解下，同学们知道了激励机制是企业将远大理想转化为具体事实的连接手段，那么这些手段具体体现为何种形式呢？郝老师继续带领大家学习激励机制的主要形式。

活动实施

?? 想一想

分析下面的材料，说说里面包含了哪些激励形式？

（1）A公司规定，职员若是总部职员，有可能被指定到一线经营单位去学习锻炼1~6个月。职员若是一线骨干人员，也有可能被指定到总部或其他对口业务单位联合办公2~5个月。

（2）B公司上市前拟拿出上市主体9.9%的股权用于员工激励，共涉及135名员工。

（3）美国IBM公司有一个"百分之百俱乐部"，当公司员工完成他的年度任务，他就被批准为该俱乐部会员，他和家人被邀请参加隆重的集会。结果，公司的雇员都以获得"百分之百俱乐部"会员资格作为第一目标。

（4）C公司对销售人员实行基本工资加计件奖励制度，计件是按每销售一件产品提取售价5%奖励个人，年终统计，对超出基本销售量最高的销售员额外获奖励10万元。

✎ 做一做

看图想办法，除了发奖金，你还有哪些激励科技人员创新的方法呢？（图5-2-2）

图 5-2-2

回 知识窗

激励机制的主要形式

（1）薪酬激励。薪酬是指劳动者依靠劳动所获得的所有劳动报酬的总和。薪酬激励就是有效地提高员工工作的积极性，在此基础上促进效率的提高，最终能够促进企业的发展，在企业盈利的同时，员工的能力也能得到很好的提升，实现自我价值。薪酬激励是企业激励中最重要的也是最有效的激励手段。薪酬激励的目的之一是有效提高员工工作的积极性，在此基础上促进效率的提高，最终能够促进企业的发展。在企业盈利的同时，员工的能力也能得到很好的提升，实现自我价值。（图5-2-3）

（2）福利激励。企业薪酬体系中，福利的激励作用间接而隐约，但作用巨大而深远。随着员工工作、生活质量的不断提高，人们对福利的要求也越来越高，因为相对于工资、奖金满足员工单方面需求以外，福利具有满足员工多方面、多层次需要的作用，无论对企业还是员工都有着十分重要的作用。（图5-2-4）

图 5-2-3

图 5-2-4

（3）股权激励。股权激励，也称为期权激励，是企业为了激励和留住核心人才而推行的一种长期激励机制，是目前最常用的激励员工的方法之一。其主要是通过附带条件给予员工部分股东权益，使其具有主人翁意识，从而与企业形成利益共同体，促进员工与企业共同成长，帮助企业实现稳定发展的长期目标。（图 5-2-5）

（4）荣誉激励。荣誉激励是一种把工作成绩与晋级、提升、选模范、评先进联系起来，以一定的形式或名义标定下来的终极激励手段，主要的方法是表扬、奖励、经验介绍等。荣誉可以成为不断鞭策荣誉获得者保持和发扬成绩的力量，还可以对其他人产生感召力，激发比、学、赶、超的动力。（图 5-2-6）

图 5-2-5

图 5-2-6

（5）培训机会。有效的培训是员工职业生涯规划很重要的一部分，可以开发员工的技能和潜能。公司为员工提供培训机会，给员工更多学习的机会，进而提升员工的技术与能力，是企业激励制度的组成部分。（图 5-2-7）

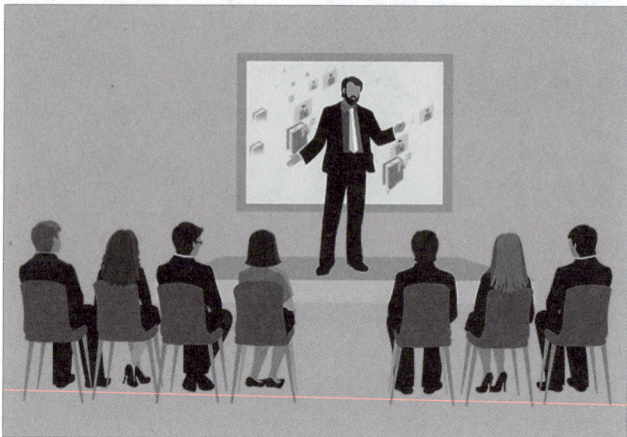

图 5-2-7

【拓展二】

班级成立模拟公司，仿公司职务设置，根据学生本期表现从公司实习职员逐级升至总经理，分别对应成绩为不合格、合格到优秀，该活动可从学期初持续到学期末。例如，期末时实习职员为不合格、经理为优秀。

活动三　激励机制的作用

活动背景

学习了激励机制的类型，同学们深深感觉激励的形式多种多样，如果自己作为激励机制的制订者，一定要仔细斟酌每一种激励方法和它们可能带来的作用、后果。

活动实施

?? 想一想

下列各材料给你带来什么启示？

（1）日本丰田公司采取激励措施鼓励员工提建议，1983 年一年时间，员工就提了 165 万条建议，平均每人 31 条，为公司带来了 900 亿日元的利润，相当于当年总利润的 18%。

（2）某企业设计部门的大部分员工感觉不到公司对他们的重视和激励，工作中没有动力，工作热情不高，产生消极心态，甚至出现公司员工严重流失的不良后果。

做一做

针对上述材料（2）中某企业出现的人才流失的状况，请给出你的建议和方案。

知识窗

激励机制的作用

"公司是船，员工是开动船只的人。"现代企业最大的资源就是人才，如何发现并留住人才，充分开发人力资源是企业管理的重要部分。只有建立健全激励机制，充分调动企业员工的积极性和创造性，才能促进企业生存与发展，在当前激烈的市场竞争中立于不败之地。

企业应该奖励的 10 种行为如图 5-2-8 所示。

图 5-2-8

【拓展三】

设计员工诉求调研表，收集受访者性别、年龄、工作岗位、薪资要求以及对公司的诉求等方面信息。

三、经典案例

威速易信息科技有限公司

广东威速易信息科技有限公司成立于 2008 年，致力于打造一站式跨境物流平台。该公司为中国电子商务卖家提供国际物流、全球仓储等综合配套服务，全程解决外贸电商供应链中卖家遇到的各种核心问题。（图 5-2-9）

公司通过 IT 技术和资源整合优化中国跨境电子商务供应链，结合自建物流直达专线和海外仓储等服务，构建基于互联网的全球配送体系，帮助中国卖家降低成本，提升中国制造商品的全球配送速度。

公司服务的客户主要是阿里巴巴、Aliexpress、Ebay、Amazon 等电子商务平台的商家以及中国独立外贸 B2C 企业。

公司与中国邮政、香港邮政、新加坡邮政、DHL 等国际、国内大型物流承运商是战略合作伙伴，公司在中国核心外贸城市深圳、广州、东莞、武汉、义乌、上海等地设立了分支机构，并在广州建有物流仓储网络。

威速易信息科技有限公司企业文化：

使命：让跨境更容易

价值观：成就客户，成就伙伴，成就自己

愿景：打造一站式跨境供应链服务平台

企业口号：树立威信，追求速度，易通全球

经营理念：以人为本，才德兼备，知行合一

经营方针：坚持学习创新，提高管理水平，积极开阔市场，提高技术含量

图 5-2-9

四、文化企业墙

（1）不要满足于尚可的工作表现，要做最好的，你才能成为不可或缺的人物。

（2）因为有缘我们相聚，成功要靠大家努力。

（3）年轻人欠缺经验，但请不要忘记：年轻是你最大的本钱。

五、合作实训

分析与总结是学习与生活中不可缺少的自我修正过程，善于反思自己或他人的结论能使我们具有更加全面的思考问题的能力。在各学习小组调研并拟写完成的班级奖惩制度后，由老师组织全部学生进行各组奖惩制度的评比。

活动要求：

（1）展示各组"班级奖惩制度"。

（2）评议各组"班级奖惩制度"运用了何种激励方式，其激励机制有何优缺点。

（3）评选优秀"班级奖惩制度"。

（4）老师点评。

如条件许可，由学生对班级现有奖惩制度提出优化建议，汇集、整理方案交由班主任在班级内试行，并观察执行效果。

六、活动评价

针对班级的奖惩制度贴近学生校园生活，学生在活动中特别能有感而发，再通过各组展示、评议及老师的点评，进一步加深学生对激励与激励机制的认识，起到知识强化的作用。

任务三 »»»»»»
建立激励机制

一、情景设计

红太阳公司销售主管李华提出了许多员工激励机制的设想和建议，下一步就要建立科学合理的激励机制。由于员工工作时间长，还经常加班，平时除了上班，没有其他业余时间做自己喜欢的事，并且加班工资和各项福利低，员工的积极性低，严重影响了公司的健康运作。李华组织员工开会讨论，希望通过各种途径和形式满足员工的需求，从而使每个员工最大限度地发挥自身的作用，并促进企业持续快速发展。（图 5-3-1）

图 5-3-1

二、任务分解

在同学们认识激励机制的基础上，去寻找建立激励机制的途径和方法，当遇到问题时，郝老师能指导同学们一起解决。在建立科学合理的激励机制过程中，同学们要结合公司的具体情况去思考，小组讨论出最佳方案。

活动一　寻找建立激励机制的途径和方法

活动背景

> 郝老师给同学们讲述红太阳公司的现状，同学们根据情景，为企业寻找建立激励机制的途径和方法，让企业能持续快速地发展。

活动实施

?? 想一想

（1）如果你是李华，你认为建立激励机制受哪些方面的影响？

（2）针对这些影响，我们如何寻找正确的途径去化解它，有哪些途径可以建立激励机制？

做一做

请以学习小组为单位，根据公司的现状运用头脑风暴列举出建立激励机制的方法。

知识窗

晋升激励机制

晋升激励机制有两个作用：一是资源配置，二是提供激励。这两方面都有利于降低员工流失率。首先，通俗地说，资源配置的作用就是合适的人做合适的事，实现能力和职位的匹配，这是人力资源管理的一项重要任务。

图 5-3-2

其次，提供激励是指较高层级职位的收入和地位给处于较低层级职位的员工提供了激励。传统观念依然影响着现代社会的员工，他们有一种根深蒂固的观念，就是在企业中身居要职是能力和地位的象征，甚至将晋升当作个人成功的主要衡量标准。所以，良好的晋升机制给员工创造了追求晋升的氛围，能够为其晋升提供支持和保障。于是，为了获得荣誉上的满足感，员工会努力工作，以求以更快的速度得到提升，他们的使命感增强，延缓了工作流动的行为，降低了工作流动的概率。（图 5-3-2）

【拓展一】

班级分若干小组，以小组为单位设立调查组，教师根据教学要求对小组分发任务，要求各小组调查班级存在哪些激励机制上的问题，并根据班级具体情况寻找正确的途径和方法，教师要求各小组派代表发言，各小组相互评价并打分，老师作小结。

活动二　建立科学合理激励机制的原则

活动背景

　　同学们根据公司具体情况找到了建立激励机制的途径和方法，但还不是科学合理的激励机制，如果我们想使用所找到的途径和方法，就必须充分地把握原则。

活动实施

?? 想一想

　　建立合理机制必须有利于工作绩效与工作报酬挂钩吗，为什么？

做一做

　　请以学习小组为单位，根据公司的现状列举出建立科学合理激励机制的原则。

知识窗

如何建立激励机制

　　物质激励是指运用物质的手段使受激励者得到物质上的满足，从而进一步调动其积极性、主动性和创造性。物质激励有资金、奖品等，通过满足其要求，激发其努力生产、工作的动机。它的出发点是关心群众的切身利益，不断满足人们日益增长的物质文化生活的需要。

　　精神激励即内在激励，是指精神方面的无形激励，包括向员工授权，对他们的工作绩效的认可，公平、公开的晋升制度，提供学习和发展，进一步提升自己的机会，实行灵活多样的弹性工作时间制度以及制订适合每个人特点的职业生涯发展道路等。精神激励是一项深入细致、复杂多变、应用广泛、影响深远的工作，是管理者用思想教育的手段倡导企业精神，调动员工积极性、主动性和创造性的有效方式。

　　物质激励与精神激励的关系：物质激励与精神激励作为激励的两种不同类型，是相辅相成、缺一不可的。物质激励本身就体现着精神激励的作用，精神激励中也包含着物质激励的因素。在激励工作中，要强调物质激励与精神激励相结合，并以精神激励为主的原则。

【拓展二】

　　班级分若干小组，以小组为单位建立科学合理的班级激励机制（主要以物质激励与精神激励相结合为原则），教师要求各小组派代表发言，各小组相互评价打分，老师作小结。

活动三 解决建立激励机制遇到的问题

活动背景

> 同学们帮公司建立了科学合理的激励机制，但是在运作过程中还是遇到了一些问题，有些员工依然反馈激励机制不公平，有些机制还是照搬其他公司的，甚至有些领导不遵守激励机制，私下调整利于自己的奖励。针对以上情况，我们必须想办法解决，先要找到问题所在，然后深入调查，修改不合理的机制，一旦执行，所有人都要严格遵守，否则给予相应的惩罚。

活动实施

?? 想一想

（1）为什么我们自己认为建立的激励机制是科学合理的，但在运作时却出现问题呢？请说明原因。

（2）科学公正考评是实施科学有效激励机制的保障，根据公司运作激励机制时出现的问题，想想如何建立一套科学、完善的员工业绩考评体系。

做一做

（1）建立科学有效的激励机制遇到的问题有哪些？请列举。

（2）要不断完善科学有效的激励机制就需要畅通反馈渠道，请讲述如何能在机制中实行。

知识窗

绩效

绩效，是指考核主体对照工作目标和绩效标准，采用科学的考核方式，评定员工的工作任务完成情况、员工的工作职责履行程度和员工的发展情况后给出的一定奖励。（图5-3-3）

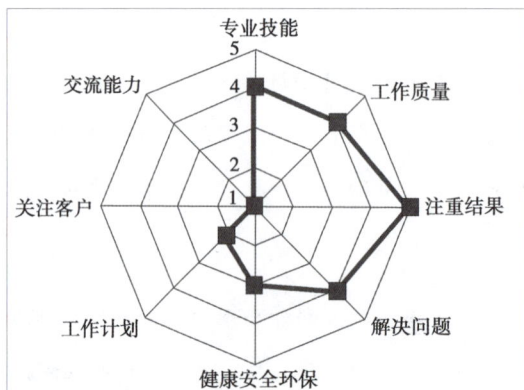

图 5-3-3

【拓展三】

班级分若干小组，以小组为单位，查找各组所建立科学合理的班级激励机制存在的问题，并找出解决方案，教师要求各小组派代表发言，各小组相互评价打分，老师作小结。

三、合作实训

在海尔，有一些工人未受过高等教育，但他们却能自己研发一些技术成果，如工人李启明发明的焊枪、杨晓玲发明的扳手等。张瑞敏看到了普通工人创新改革的深远意义，想制订一个激励员工创新的好措施，使员工创造的价值得到认可，及时的激励，能让员工觉得工作起来有盼头，有奔头，进而也能让员工创造更大的价值。

答一答

（1）如果你是其中的一名员工，你想得到企业怎样的奖励或者认可呢？

（2）如果你是张瑞敏，你会建立怎样的激励机制激发员工的积极性？

四、任务评价

一个高效激励机制的建立，企业的管理者需要从企业自身的情况、员工的精神需求以及物质需求等多方面综合考虑，把激励的手段和目的结合起来，更新管理观念与思路，以制订行之有效的激励措施和手段，真正建立适应企业特色、时代特点和员工需要的开放的激励体系，使企业在激烈的市场竞争中立于不败之地。

项目六
创 新

【项目综述】

　　创新是一个民族进步的灵魂，是国家兴旺发达的不竭动力，也是一个人在工作甚至事业上永葆生机和活力的源泉。从钻木取火到蒸汽机的发明、从烽火台的狼烟到现代互联网技术，一部人类文明史，就是一部不断超越、不断创新的历史。

　　根据世界知识产权组织等发布的《2018年全球创新指数报告》，中国排名升至全球第17位，成为唯一进入前20强的中等收入经济体。

　　来自"一带一路"沿线的20国青年评选出"高铁、支付宝、共享单车和网购"为他们心目中中国的"新四大发明"。虽然事实上这四项并不完全是中国发明的，但却是中国在这些领域中的典型创新案例，这些创新已引领世界，享誉海内外，才会引发这样美丽的传言。

　　本项目主要通过对大量实际案例的分析、实训，实现对创新内涵的解读和创新方法的解构，同时培养学生形成初步的创新思维能力，并且实实在在地在企业内部构建符合企业特色的创新机制，大幅度提高企业竞争力。

【项目目标】

知识目标

　　◇理解创新的定义和内容。
　　◇了解创新的特征和原则。

技能目标

　　◇掌握主题联想的创新技巧。
　　◇掌握思维导图的创新技巧。
　　◇了解奥斯本核验的创新技巧。

情感目标

　　◇培养学生团队合作精神。
　　◇培养学生理论联系实际的能力。
　　◇培养学生与时俱进、开拓创新的精神。

【项目任务】

　　任务一　认识创新的内涵
　　任务二　认识创新机制
　　任务三　培养创新思维

任务一 »»»»»»
认识创新的内涵

一、情景设计

某运动品牌企业是国内知名企业，其知名度、关注度、美誉度均相对可观。但是在2019年双十一，明星产品销量却惨遭腰斩。除了新品明星定制款成为热销top3之外，其余热销产品整体变化并不大，创新款式、轻奢运动类明星产品相对稀缺。究其原因，是缺乏创新产品，运营的创新模式不足，品牌忠诚度低。

为此，企业CEO关天明立即着手招募高端设计师，研发创新产品，还抽调各部门的精英筹备一个创新项目团队。同时，聘请知名培训机构的任晴老师来培训团队成员，让他们通过系统的学习和训练，具备一定的创新思维能力，以此带动、提升企业的创新思维，促使企业走向创新驱动的道路，从而变得更加强大。

二、任务分解

为了让项目团队成员对创新的内涵有一定的了解，任晴老师指导项目团队成员通过各种生活中常见案例的分析和活动训练，让成员初步理解创新的内涵。

活动一　认识创新

活动背景

> 刚成立创新团队时，队员们都以为在高新科技方面的变革才算是创新。于是任晴老师结合实际案例和创新的定义及内容，让队员们初步了解创新的概念。

活动实施

??想一想

在下列案例中，事物在哪些方面发生了什么样的改变？

（1）"一国两制"的伟大构想及其实践：＿＿＿＿＿＿＿＿＿＿＿＿＿＿＿＿＿。（图6-1-1）

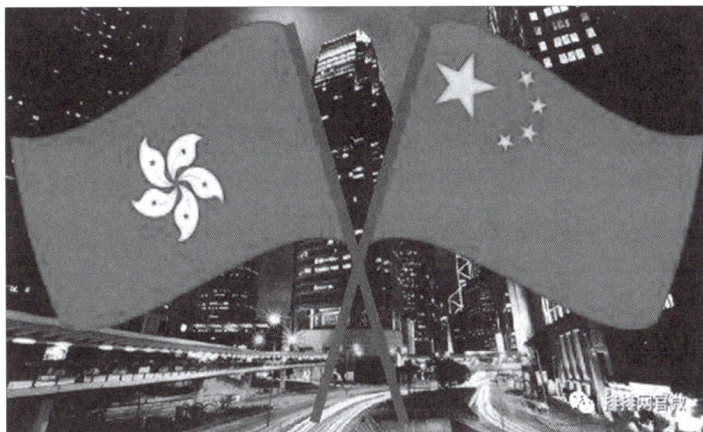

图 6-1-1 "一国两制"的伟大设想

（2）支付模式的颠覆：＿＿＿＿＿＿＿＿＿＿＿＿＿＿＿＿＿＿＿＿＿＿。（图 6-1-2）

以前的支付　　　　　　　　　　　　现在的支付

图 6-1-2 支付模式的颠覆

（3）雨伞的变迁：＿＿＿＿＿＿＿＿＿＿＿＿＿＿＿＿＿＿＿＿＿＿＿＿。（图 6-1-3）

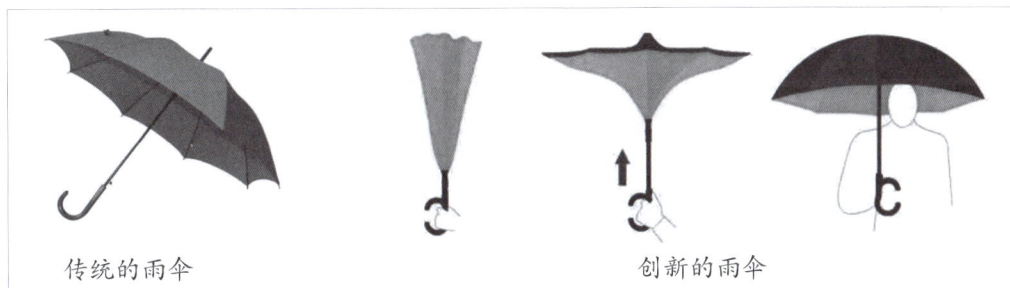

传统的雨伞　　　　　　　　　　　创新的雨伞

图 6-1-3 雨伞的变迁

✎ 做一做

大家一起寻找身边的创新案例，并说明它是哪一种创新内容。

＿＿＿＿＿＿＿＿＿＿＿＿＿＿＿＿＿＿＿＿＿＿＿＿＿＿＿＿＿＿＿＿＿＿＿＿＿＿

＿＿＿＿＿＿＿＿＿＿＿＿＿＿＿＿＿＿＿＿＿＿＿＿＿＿＿＿＿＿＿＿＿＿＿＿＿＿

＿＿＿＿＿＿＿＿＿＿＿＿＿＿＿＿＿＿＿＿＿＿＿＿＿＿＿＿＿＿＿＿＿＿＿＿＿＿

创新

1.什么是创新

创新：通过创造或引入新的技术、知识、观念或创意创造出新的产品、服务、组织、制度等新事物并将之应用于社会以实现其价值的过程。（图6-1-4）

创新有三层含义：

（1）更新，即对原有的东西进行替换。

（2）新创，即创造原来没有的东西。

（3）改变，即对原有的东西进行发展和改造。

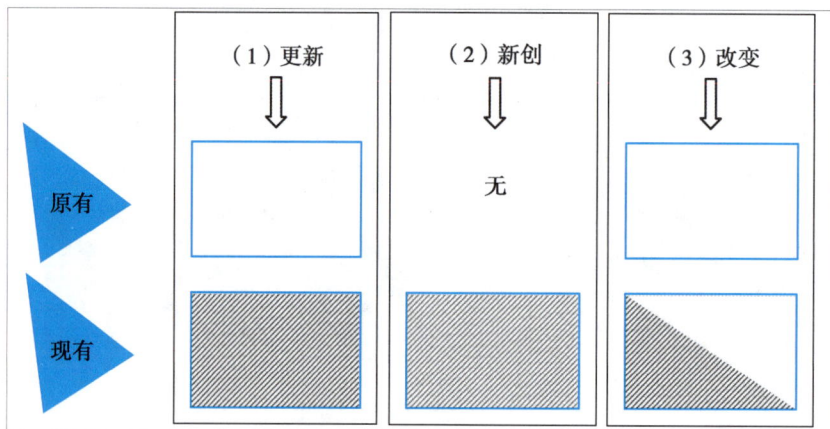

图 6-1-4　创新的三层含义

2.创新的内容（图6-1-5）

图 6-1-5　创新的内容

活动二 认识创新的特征

活动背景

　　团队成员在任晴老师的指导下，已初步了解创新的定义和内容，但是是否有改变就一定是创新行为，如何甄别哪些是创新，就必然要对创新的特征有所了解。结合队员们的疑惑，任晴老师通过案例进一步分析和解答。

活动实施

?? 想一想

　　在下列案例中，哪些是创新行为？

　　（1）网店店主根据网店热销商品销售数据，增加该商品的进货量。（图6-1-6）

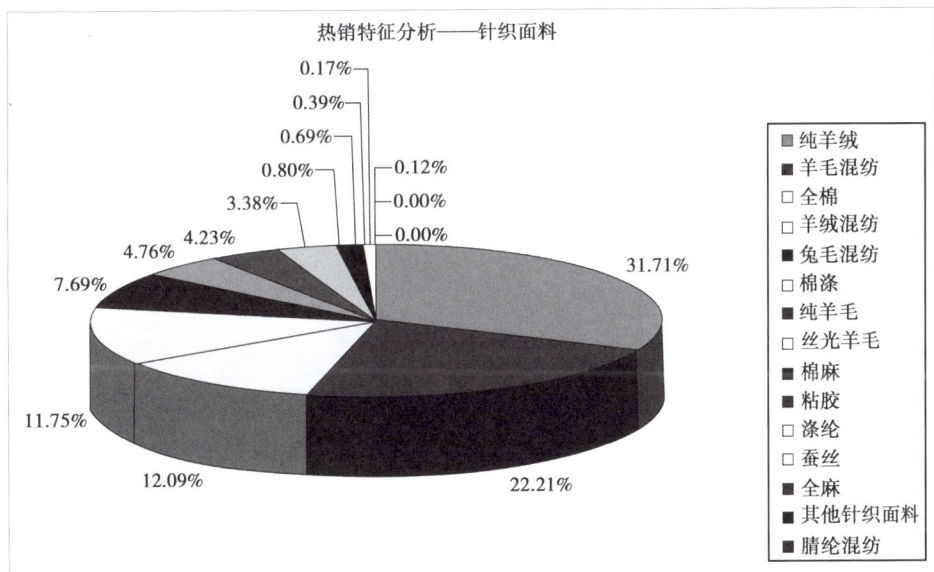

图 6-1-6　热销商品数据

　　（2）某公司经营不景气，持续亏损，为了降低用人成本，公司进行内部裁员。（图6-1-7）

　　（3）某设计师将纸扇和铝合金框架两种元素结合在一起，设计出一款既能展示东方古典神韵，又能彰显西方简约时尚风格的屏风。（图6-1-8）

图 6-1-7　公司裁员

图 6-1-8　中西合璧艺术

（4）耐克通过 NIKE+Running 提供专业的线上指导、帮助运动者制订训练计划，成立社区俱乐部，让自己从销售厂家升级为运动的科学指导者。（图6-1-9）

图 6-1-9　NIKE+Running APP

📎 做一做

请根据上述案例，思考并写出创新所具备的特征。

_____

_____

_____

🔲 知识窗

创新的特征和原则

1. 创新的特征

（1）目的性。任何创新活动都有一定的目的，这个特性贯穿创新过程的始终。

（2）变革性。创新是对已有事物的改革和革新，是一种深刻的变革。

（3）新颖性。创新是对现有的不合理事物的扬弃，革除过时的内容，确立新事物。

（4）超前性。创新以求新为灵魂，具有超前性。这种超前是从实际出发、实事求是的超前。

（5）价值性。创新有明显、具体的价值，对经济社会具有一定的效益。

2. 创新的原则

创新的原则就是开展创新活动所依据的法则和判断创新构思所凭借的标准。

（1）遵守科学原理原则。创新必须遵循科学技术原理，不得有违科学发展规律。例如，近百年来，人们试图发明一种既不消耗任何能量又可源源不断对外做功的"永动机"，就违背了"能量守恒"的科学原理，这样的创新不可能成功。

（2）市场评价原则。创新设想要获得最后的成果，必须经受走向市场的严峻考验。因为不能卖出去的东西都没有到达成功的顶点。能销售出去就证明了它的实用性，而实用性就是成功。

（3）相对较优原则。创新产物不可能十全十美。在创新过程中，利用创造原理和方法，获得许多创新设想，它们各有千秋，这时，就需要人们按相对较优的原则，对设想进行判断选择。

（4）机理简单原则。在现有科学水平和技术条件下，如不限制实现创新方式和手段的复杂性，所付出的代价可能远远超出合理程度，使得创新的设想或结果毫无使用价值。

（5）构思独特原则。就是"思维超常""出奇"，创新贵在独特，创新也需要独特。

（6）不轻易否定，不简单比较原则。不轻易否定原则是指在分析评判各种产品创新方案时应注意避免轻易否定的倾向。在飞机发明之前，科学界曾从"理论"上进行了否定的论证。显然，这样的结论是错误的。

不简单比较原则，带来了相关技术在市场上的优势互补，形成了共存共荣的局面。创新的广泛性和普遍性都源于创新具有的相融性。如市场上常见的钢笔、铅笔就互不排斥。

活动三　认识创新的过程

活动背景

　　团队成员中的李长河对创新非常感兴趣，他在培训中请教任晴老师，如果要实现创新，如何着手实施？整个创新又有哪些过程？任晴老师对李长河认真学习、善于思考给予了充分肯定。任晴老师给大家讲解了创新的过程，同时引导大家尝试对生活常见物品进行大胆设想创新，以此体验创新需要经历的过程。

活动实施

?? 想一想

　　在下列生活常见物品中任选一个，依据创新的 4 个阶段，针对物品存在的问题，对物品的造型或者功能等方面大胆设想，写下对该物品创新的思路。（图 6-1-10）

杯子、鞋、毛巾、书本、衣架

图 6-1-10　五种生活常见品

创新对象：_____。

创新思路：（简述创新的需求和价值）

_____

_____。

创新结果：（画出新造型或用文字简述新功能）

_____

_____。

✎ 做一做

根据上述体验，思考并写出创新的过程。

_____

_____

▢ 知识窗

创新的过程

不少杰出的创新都留下了动人的故事：瓦特看到壶盖被蒸汽顶起而发明了蒸汽机，牛顿被下落的苹果砸了头而发现了万有引力，门捷列夫玩纸牌时想出了元素周期表。……如果创新如此简单，创造学就不用学了。实际上，创新是由创新思维的过程所决定的，而结果仅是过程的成功产物。

由英国心理学家沃勒斯提出的创新的"四阶段理论"是影响最大、普遍被认同的过程理论。该理论认为创新的发展分4个阶段：准备期、酝酿期、明朗期和验证期。

1. 准备期

准备期是准备和提出问题阶段。

（1）积累经验，整理知识；

（2）收集必要的事实和资料；

（3）衡量提出问题的社会价值，能满足社会的什么需要和它的价值前景。

2. 酝酿期

酝酿期也称沉思和多方思维发散阶段。在酝酿期要对收集的资料、信息进行加工处理，探索解决问题的关键，是大脑高强度运转，各种设想反复组合、交叉、撞击、渗透，打破成见，另辟蹊径，甚至多学科知识交叉融合的重要时期。酝酿期通常漫长而又艰巨，良好的意志力和进取精神就成为酝酿期取得进展直至突破的心理保证。

3. 明朗期

明朗期即顿悟期或突破期，寻找到了解决办法。

4. 验证期

验证期是将创新成果通过理论验证和放到实践中检验，是完善和充分论证阶段。必须符合社会需求，具有使用价值的创新成果，才是有意义的创新。

拓展游戏

怎样连接九个点

游戏规则：用首尾相连的直线（不超过 5 条）贯穿九个点，条件是每个点只能通过一次。（图 6-1-11）

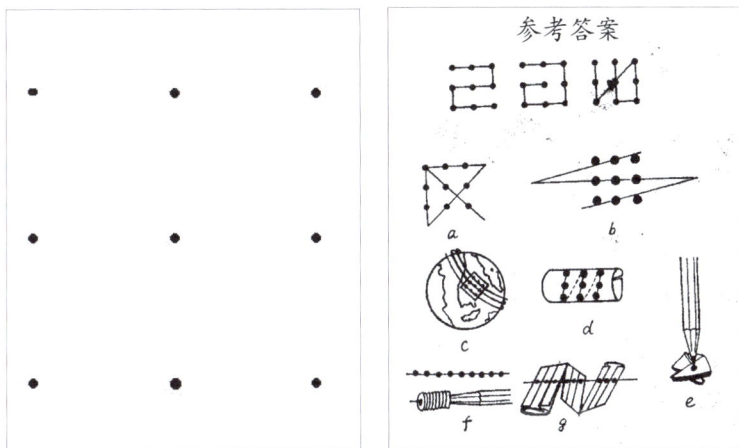

图 6-1-11　怎样连接 9 个点

三、经典案例

中国创新：领先世界的案例

历史经验表明，创新是世界经济长远发展的动力，不论是技术创新、商业模式创新，还是机制体制创新，都深刻改变着世界，影响着人们的生活。抓住了创新，就抓住了牵动经济发展全局的"牛鼻子"。

世界最快的列车群

时速 350 公里，从上海到北京只需 4 小时 24 分，"复兴号"高铁的提速，让中国高铁再次成为世界最快速的列车群，中国也成为全球高铁商业运营速度最快的国家。

这是中国"引进—消化吸收—再创造"技术路线的典范。从"和谐号"到"复兴号"，中国高铁驶入了完全自主知识产权的时代，"复兴号"的中国标准占了 84%，整体设计、车体、转向架、牵引、制动、网络等关键技术均为我国自主研发，具有完全自主知识产权。"中国标准"成为世界高铁的"新名片"。"复兴号"扫清了知识产权纠纷，为中国高铁"走出去"增添了新动能。

中国已铺设了 2 万多公里高速铁路，已建成世界上最大规模的高铁网。高速便捷、四通八达的高铁网络，不仅方便了人们的旅行，更提升了经济效率。

中国中车披露的半年年报显示，公司已成为全球规模最大、品种最全、技术领先的轨道交通装备供应商。未来将围绕"创新""变革""国际化"三大主题，坚持创新驱动，加快由本土企业向跨国企业转变。（图 6-1-12）

图 6-1-12　中国高铁

超越谷歌的量子科学

21 世纪是生命科学和量子科学的世纪，以中科大潘建伟领衔的中国科学家，正在量子通信、量子计算的研究和产业化上大踏步前进。

"墨子号"在国际上首次实现了从卫星到地面的量子秘钥分发、从地面到卫星的量子隐形传态，这标志着中国量子通信开始领先世界同行。

为实现远距离量子通信，潘建伟团队采用可信中继站和星地量子通信两条路径来实现量子秘钥传输。"我们希望通过 10~20 年的努力，构建一个天地一体的全球化量子通信网络。"潘建伟说。

而在群雄逐鹿的量子计算领域，潘建伟团队已经走在了谷歌的前面，再次把中国推到世界领先水平。5 月 3 日，潘建伟团队在上海宣布，构建了世界首台 10 个超导量子比特的计算机，这打破了此前谷歌宣布的 9 个超导量子比特的操纵。"我们团队计划在今年底实现约

20 个光量子比特操纵，这将接近目前最好的商用 CPU。"潘建伟团队表示。潘建伟期望通过 5~10 年的努力，实现 50 个量子位的量子模拟计算。（图 6-1-13）

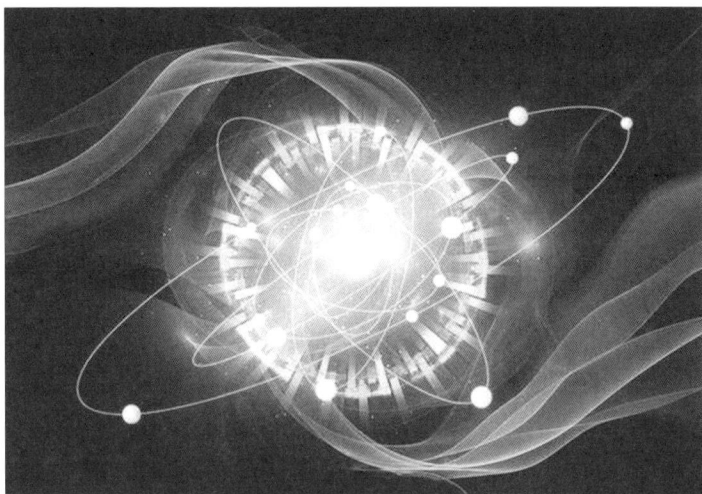

图 6-1-13 量子技术

站在世界前沿的中微子研究

研究地球中微子，可以探索地球最深部的奥秘，帮助人类理解宇宙中物质 — 反物质不对称现象—反物质消失之谜。在这方面，中国科学家已取得卓越成果。

以王贻芳为代表的中科院高能物理学家开创性地将实验设计成多个中微子探测器模块，使得大亚湾中微子实验项目在建设完工落后的情况下，依然比韩国更早进入取数阶段，领先全球获得更精确的实验结果。由于发现了中微子的第三种振荡模式，并测到其振荡概率，大亚湾中微子实验项目获得 2016 年中国自然科学一等奖。

大亚湾中微子实验项目将中国中微子研究带入国际前沿，此后，中科院高能所开建了第二个大型中微子实验项目——江门中微子试验站，研究国际热门课题——中微子质量顺序测量。

在高能物理领域，中国不仅开始频繁走上国际舞台，更加快了产业化步伐。散裂中子源可广泛应用于超导、医学、开发高密度存储介质等领域的研究。如在医学领域，中子散射可获得 DNA 的形状和结构、研究药物的结构及与标靶结合的特征，用于医治癌症等，加快新药研制过程。

中微子实验已经让中国和中国的高能物理学家站在了世界高能物理的前沿。（图 6-1-14）

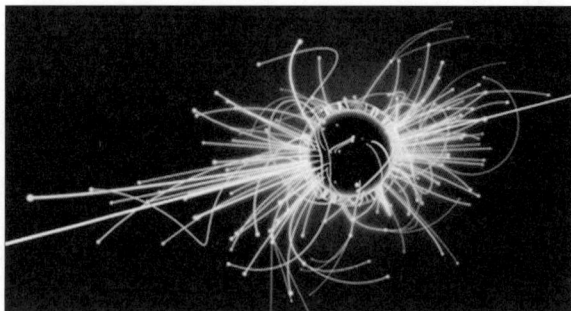

图 6-1-14　中微子

称雄全球的互联网应用

除了科技创新开始由"跟跑者"变为"同行者"，在商业模式创新应用方面中国更是大放异彩，尤其是互联网应用及人工智能（AI）应用，中国俨然成了世界领跑者。

2017 年 5 月，来自"一带一路"沿线的 20 国青年评选出了中国的"新四大发明"，其中支付宝、共享单车和网购三项都与互联网有关。

创新是为了更好地改善人们的生活。中国庞大的市场为互联网创新应用提供了广阔舞台。最新数据显示，我国网民规模已突破 7.5 亿人，占全球网民总数的 20%；移动支付用户规模超过 5 亿人。如果说中国互联网的崛起受益于人口红利，那么伴随着微信、互联网支付、O2O、共享出行等新兴模式的出现，中国互联网开始引领全球网络商业模式的创新。

一组市值数据可折射中国互联网企业在全球的地位。截至 2017 年 9 月 4 日，阿里巴巴市值超过 4300 亿美元，腾讯市值约为 3800 亿美元，比肩亚马逊、脸书（Facebook）、微软等国际巨头。"互联网 +"正深刻改变着零售、交通、文教、农业、制造等传统行业。

人工智能应用同样如此。专注于人脸识别技术的云从科技创始人周曦对记者表示，人脸识别、语音识别这两大技术，从理论而言，中国水平与世界水平相当，而具体到应用层面，针对黄种人的人脸识别，中国技术肯定领先欧美。（图 6-1-15）

图 6-1-15　互联网应用

四、企业文化墙

（1）大胆地做梦，哪怕是异想天开。

（2）创新就是不断突破常规。

（3）倒立，看见不同的世界。

（4）不创新，毋宁死。

（5）创新引领时尚，科技成就辉煌。

（6）创新——意识决定未来。

五、合作实训

广州是国家历史文化名城，在文化、商贸、饮食、建筑、音乐、美术、曲艺等方面都有着悠久的历史和传承，更是当代中国改革开放的前沿地，在科技日新月异的今天，取得许多令人瞩目、丰硕的创新成果。

请项目团队成员在广州的文化、商贸、饮食等方面确定1个研究主题，利用周末时间，自行搜集资料，实地走访，并提交研究报告（其他城市的可以参照要求撰写当地的研究报告）。

研究报告以图文方式，叙述该主题主要在哪些方面发生了创新，经历了哪些创新过程，创新的成果是什么。

六、活动评价

紧紧围绕创新的相关概念，以重大时事新闻、人们身边耳熟能详的例子启发思考。

活动的可操作性强，通过对身边创新案例的思考、分析，让学习者由浅入深地理解创新的深层含义、特征、原则及甄别创新行为，再辅以知识窗的阐述及合作实训，推动大家深入理解创新的内涵及认识到创新的过程。

任务二 》》》》》》》
认识创新机制

一、情景设计

开发部经理郭晓伟希望尽快回部门开始产品开发创新工作，但是任晴老师阻止了他。任晴老师提出企业创新活动是一个有机过程，这个过程的有效运行必须依靠一定的机制来支持和推动，这种机制就是企业创新机制，这个机制也是企业在市场运行中最重要的机制。本次项目团队的成员尤其是管理者不要急于马上开始创新，而是应该思考如何建立一个长效机制，驱动并保障企业的创新活动能够持续进行，从而为企业创造更大的效益。

二、任务分解

任晴老师提出，在中国，绝大部分企业创新能力不足，创新活动很难持续，最关键的是这些企业尚未建立起真正有效的企业创新机制。为了让项目团队成员对创新机制有一定的了解，任晴老师指导项目团队成员通过各种生活中常见案例的分析和活动训练，让项目团队成员逐步了解创新机制的具体内涵，从而思考如何建立符合自身企业特色的创新机制。

活动一　建立创新机制的必要性

活动背景

任晴老师通过案例，让项目团队成员看到建立创新机制的必要性，从而进一步理解创新机制的具体内涵。

活动实施

?? 想一想

创新机制在下列案例中起到了什么作用？激励和保障了哪些方面的创新？

（1）某餐厅开始执行新的管理机制，经营者提出如果厨师在一个月内创造出新菜品并广受欢迎，销量能进入餐厅销售的前五名，就把这道菜销售额的20%分给厨师。3个月内，餐厅的厨师积极性高涨，主动创新菜品，甚至有的厨师自己花时间去提升厨艺，而这个餐厅的销售利润也提高了40%。（图6-2-1）

图 6-2-1　餐厅新品菜式创作明显提升餐厅销售额

你的答案是：_____

_____。

（2）某热水器合资企业在产品研发部实施一项创新机制：为激发研发人员的积极性，只要研发的热水器投入市场，销量超过上一款产品，就把这款热水器的销售额分给他12%，至下一款新的热销产品出现为止。结果每个研发人员都铆足劲儿研究新产品，包括已经受到奖励的研发人员，因为如果不继续研究，改革产品，原来的热销产品就会被取代。

你的答案是：_____

_____。

（3）某国企的锅炉车间操作工王健一直以来上班总是吊儿郎当，没想过为企业节约成本，总是往锅炉里放一堆煤，而且喜欢在上班时间跷着二郎腿刷朋友圈、视频。工作时间一长，还多次向公司要求加班工资，一旦没有得到回应就会抱怨公司。车间主任肖利发现了这个问题后，在车间内推行激励机制：锅炉工在不影响公司正常生产和员工的生活用水前提下，节约下来的钱可以与公司进行4∶6分成；但是如果浪费煤还影响公司正常生产和员工用水的，每次处罚50元，累积三次工资降级。王健看到后主动跟公司签订了合约，想方设法在岗位上节煤：① 改变用煤方法，尽量减少使用率，次数多用量少，让煤充分燃烧。② 根据员工用水习惯，减少早上的浴室水箱热水量供应，做好水位控制。③ 每天积极检查设备情况，如果有漏气、漏水现象就及时报修。④ 向有经验的师傅学习如何节约用煤。⑤ 每天下班用盖子盖好，保持温度。推行一个月后，公司节约煤钱2921元，王健共分到1750元，大大超过自己的预期。现在他每天哼着小曲开心工作，做事认真负责，逢人就说自己热爱锅炉工作！（图6-2-2）

图6-2-2 激励制度帮助公司节约用煤

你的答案是：_____

_____。

□ 知识窗

创新机制

企业创新活动是一个螺旋式上升的循环过程，它从创新设想的产生与形成到研究与开发，从创新内容的形成到创新结果的扩散，再到市场效益的形成，然后又由于市场需求发展再进入新一轮创新，在这个过程中，既有顺序，也有交叉和交互作用，只有在正确有效的企业创新机制的支持和推动下，企业创新活动才能真正得以不断循环，持续发展。（图6-2-3）

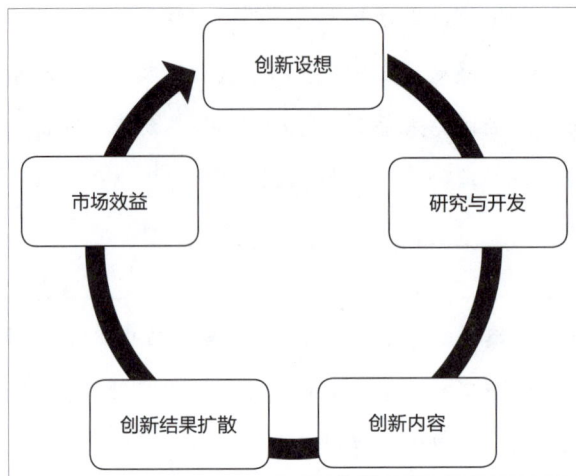

图 6-2-3　企业创新活动

创新制度是指企业在创新管理活动中所形成的与企业创新精神、企业创新价值观等意识形态相适应的企业制度、规章、条例、组织结构等。良好的创新制度是企业创新的基本保证。如果某个企业只有创新的价值观和创新精神，而缺乏必要的与之相应的制度安排，那么企业的创新很可能只能停留于观念上。

创新机制一般包含三方面：一是对市场的应变能力。产品随市场的变化而变化，销售随市场的变化而变化，服务随市场的变化而变化，决策随市场的变化而变化。二是内在的发展动力。加快企业的发展、地方的发展，有一种自学的、主动的、不懈的活力。三是调动人的积极性的机制。用工制度、分配制度、奖惩制度都有利于调动人的积极性，奖勤罚懒，优胜劣汰。

活动二　认识创新机制的体系构建

活动背景

在任晴老师的讲解下，大家明白了企业创新机制的必要性和重要性，郭晓伟又提出新的问题：企业的创新机制体系构建要注意哪些内容呢？任晴老师让大家不要着急，先从失败的案例中寻找原因。

活动实施

🖎 做一做

在下列案例中，请尝试找到企业创新失败的原因。

百度"有啊"

2007年10月，百度成立电子商务事业部，高调宣布进军电子商务，选取C2C为突破口，希望打造一个"中文互联网领域最具规模的网上个人交易平台"。2008年10月，承载无数期待的百度"有啊"正式上线，目标定位为做淘宝第二。百度之所以有信心做大这个电商平台，是因为百度拥有全国最大的搜索用户流量。通过从搜索引擎的便利入口，百度将流量导入"有啊"这个平台时，却发现电商活动的开展不是只有搜索引擎那么简单，这当中需要很多环节，如买家和卖家的注册、认证，申请百付宝等支付工具，每个环节都会引起用户流失，造成流量衰减。百度"有啊"采取的跟随战略无法在搜索引擎的用户群中打通用户痛点，最后能沉淀下来成为"有啊"核心卖家的所剩无几。原有的百度流量优势并不明显。

百度虽然很重视"有啊"，但是在资源的多元化配置层面，还是遵循721的资源分配原则，即核心的搜索业务能分得70%的资源，搜索相关的业务分得20%的资源，创新业务分得10%的资源。无论"有啊"属于搜索相关还是创新业务，二者旗下均有多个项目，"有啊"能够得到的资金与管理支持只能是其中几分之一或者十几分之一。

另外，母公司运营层面的人才也没能与旗下事业部形成激励共享机制，新成立的"有啊"事业部管理人才并非整个百度的一流人才。在这样的架构和资源模式下，想要干好很不容易。

最终，在2011年3月31日，百度旗下电子商务网站"有啊"发布公告称，一个月后"有啊"购物平台的商品、店铺、交易相关功能将关闭，商城业务转移给乐酷天、耀点100等合作伙伴。（图6-2-4）

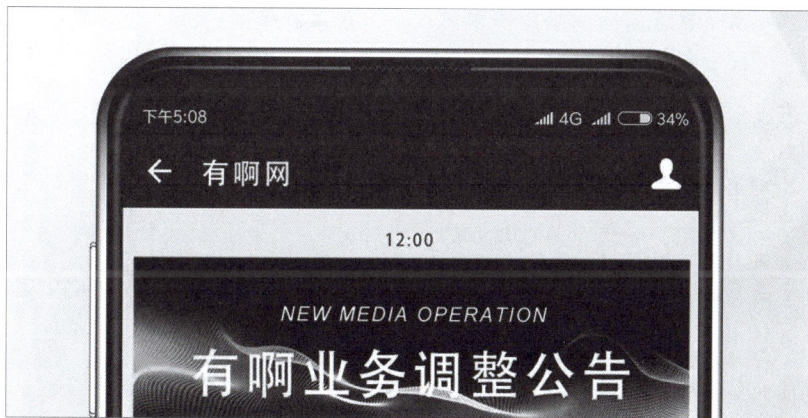

图6-2-4 百度"有啊"官网发布业务调整公告

企业创新失败的原因是：_____

_____。

中国移动的飞信

几乎每个家庭都有中国移动用户。这么庞大的市场占有率得益于中国移动频繁的创新举措：比如引入支持中国移动 3G、4G 网络的 iPhone 5S 和 iPhone 5C；发布首款自主品牌 4G 手机；和腾讯合作，利用微信推流量红包；等等。当然，在创新的道路上，中国移动同样也有很多失败案例，飞信就是其中之一。（图 6-2-5）

图 6-2-5　中国移动的飞信业务产品线

2007 年 5 月中国移动建立飞信；2007 年 6 月 5 日起全面开通；2008 年第一个版本的飞信上线；截至 2009 年第二季度，飞信用户已达 1.84 亿，比 2008 年同期增长 64.9%，但用户活跃度仅为 29%，腾讯 QQ 则保持了平均 40% 的用户活跃度。2010 年底，中国移动飞信活跃用户数已达到 1.83 亿，国内即时通信市场份额紧随腾讯 QQ，排名第二。

随着时间的推移，飞信的不足之处越来越明显，比如软件界面过于方正，外观呆板，表情非常少，没有第三方形象，而且表情体积过大，使用过程中比例失调。在用户体验中，飞信消息窗口消息与消息之间的间隔比例不协调，不如当时腾讯 QQ 手机版界面流畅、使用舒适、形象活泼，因而飞信的使用始终没能超越 QQ。

还有一个重大问题是飞信一开始就将联通、电信用户排除在外，只能免费给移动用户发飞信和短信，如果使用其他运营商的手机进行回复，需要收费。而且更换手机号的用户飞信也不能使用了，这在用户反馈中是很糟糕的。

另外，中国移动作为大公司，对飞信的运营采取了外包策略，严格的 KPI 考核让外包公司只追求用户数，不考虑活跃用户的使用体验，无法做到真正的营销，导致营销推广模糊，用户量在微博推出后急剧下降。

2011 年 6 月 26 日，中国移动将飞信的运营权转交给广东移动的南方基地，运营权变更，飞信业务彻底被中国移动放弃。

企业创新失败的原因是：_____

_____。

回 知识窗

创新机制体系构建

企业创新机制的构建是一项系统工程。企业创新的动力机制、运行机制和发展机制三大机制共同构成了企业创新机制体系。从结构上，创新机制的运行系统至少包括人才、决策、保障、激励、信息、技术6个子系统。（图6-2-6）创新机制是企业创新有效运作的基本要素。

图 6-2-6　创新机制体系结构与子系统

（1）动力机制。企业创新动力机制是企业创新的动力来源和作用方式，是能够推动企业创新实现优质、高效运行并为达到预定目标提供激励的一种机制。动力机制包含决策机制。企业创新动力机制的作用，就是激发企业和职工创新的积极性，推动企业创新的有效运行。一般来说，企业创新有市场拉动、科技推动和政策激励三种动力推进。

（2）运行机制。企业创新运行机制主要包括创新管理的组织机构、运行程序和管理制度，为创新过程的四个阶段保驾护航。

在创新的感性阶段，运行机制必须为创新者提供两类资源：时间和信息，同时设置特定机构来收集、处理和管理新思想。

在创新的概念化阶段。运行机制须利用组织能力调动部门力量甚至企业外专家支持创新项目，令创新思想更具说服力。

在创新的开发阶段，此时，纸上的原型成为试验制品，将面临这样一个决策：是否要进行投资，以便大规模生产新产品。运行机制须整合人力资源、资金及其他要素支持创新项目，同时关注技术、市场和企业组织领域的新变化，以便改进项目。

在创新的作业阶段，此前的阶段工作都是在不打断企业原有生产程序下进行的。现在，企业要进行组织创新，使创新成果与企业日常活动衔接起来。运行机制须在技术、市场和组织三方面全力投资，最终达到人尽其才、晋级激励、沟通顺畅、合作有效的目的，从而促进企业创新顺利进行。

运行机制是企业创新机制体系的核心，使企业组织朝着扁平化、柔性化方向发展，从而提高企业整体创新能力。

（3）发展机制。企业创新发展机制是在创新利润的驱动下，企业充分挖掘、利用和发展内部资源并广泛吸纳外部资源，加强人才、技术、资金、信息等资源储备，不断谋求创新发展的机制。

活动三　认识创新机制在现代企业中的作用

活动背景

　　创新项目培训即将告一段落，任晴老师让培训团队成员不仅要思考如何提升自身的创新思维能力，更重要的是回到企业和部门后，真正达到企业 CEO 关天明的期望值，厘清创新机制在现代企业中的重要作用，构建长效创新机制，带动、提升企业的整体创新思维，促使并保障企业走向创新驱动的道路。

活动实施

🔗 做一做

理解创新机制的相关内涵，并填写正确答案。

（1）企业创新机制体系包括 _____、_____、_____ 三大机制。

（2）_____ 是企业创新机制体系的核心。

（3）创新机制的运行系统至少包括 _____、_____、_____、_____、_____、_____ 6 个子系统。

（4）建立创新机制，是 _____、_____、_____ 的需要；是 _____ 的客观要求；是 _____ 的基础和源泉。

🔲 知识窗

创新机制在现代企业中的重要作用

　　知识经济时代的到来，使创新成为整个社会经济发展的动力源泉，成为整个国家跻身世界强国的梦想引擎。而作为创新主体的现代企业，面临如何迎接知识经济时代的风口浪尖的局面。因而及时把握机遇，构建恰当的企业创新机制，成为现代企业在经济浪潮中站稳脚跟，持续创新发展，提升竞争力的重要举措和保障。

　　（1）建立创新机制，是现代企业持续创新，提升竞争优势，发挥国家创新体系主体作用的需要。现代知识经济时代的竞争其实也是现代企业创新能力的竞争，现代企业必须系统、有序地在技术、管理、制度等多方面综合创新，才能真正持续创新，提升自身的竞争，发挥国家创新体系主体的作用。

（2）建立创新机制，是现代企业实现增长方式转变的客观要求。我国作为一个发展中的工业化国家，正处于投资推动型增长方式阶段，资源短缺、人口众多、环境恶化和经济落后等诸多问题，迫切要求转变增长方式，即从粗放型转变为集约型，这就要求企业增长也要尽快依靠创新（特别是技术创新）走向增长的道路。资金浪费、劳动力过剩已成为现代企业生产效率低下的基本因素。因此，创新是对生产函数的优化，重组劳动力、资金等生产要素，让其发挥出最大效率。而创新机制是对企业创新的保障机制。

（3）建立创新机制，是现代企业实现持续发展的基础和源泉。现代企业如果还墨守成规，不谋求创新发展，就会被飞速变化和发展的时代远远抛离和淘汰。每一次战略、产品、技术、运营或管理等方面的创新，也许就是现代企业实现转型的一个拐点，是制胜一击的法宝。因此，创新机制的建立，是现代企业实现持续创新、持续发展的基础和源泉。

【拓展游戏】

游戏一："回形针的用途"

形式：4~6 人一组

时间：3 分钟

材料：回形针

请运用"头脑风暴法"在 3 分钟内尽可能想出回形针的用途。

游戏规则：

（1）每个小组指定一个人记录想法。

（2）不允许有任何批评意见。

（3）欢迎异想天开（想法越离奇越好）。

（4）追求的是数量不是质量。

（5）寻求各种想法的组合和改进。

游戏二："罗夏墨迹图"——你看见了什么？

形式：集体参与

时间：10~15 分钟

材料：墨迹图

游戏规则：

（1）用教学屏幕展示 10 幅墨迹图。（图 6-2-7）

（2）用 5 分钟时间记录看到的图像和形状，其间不允许提问或讨论。

（3）5 分钟后，抽查部分人询问他所看到的东西。

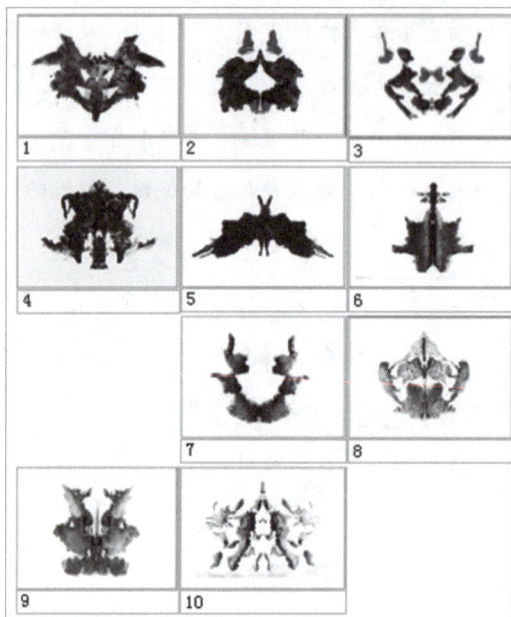

图 6-2-7　罗夏墨迹图

三、经典案例

解密 3M 公司的创新机制

全世界有超过 50% 的人每天直接或间接地接触 3M 公司的产品。近百年来，3M 公司共开发了 69000 多种新产品，平均每两天约开发 3 种新产品，并且对现有产品不断更新换代。时至今日，3M 公司每年仍有 500 种新产品被开发推广。3M 公司取得辉煌业绩的根本原因在于创新，而其创新的核心则是"处在混沌边缘"的创新机制和管理模式。

其关键是：具备战略企图心、多元化的核心技术平台、加强横向交流和共享的密集网络、给予富有最好创意和创造力的员工丰厚奖赏的激励机制、鼓励自我创新的 15% 法则、激发创意和宽容失败的公司文化，以及让每个员工把客户需求放在首位的公司信条。其中创新机制和公司文化尤为重要。

刺激创新的有效机制

3M 公司致力于"尊重每一位员工的价值，并鼓励员工创新，为员工提供具有挑战性的工作环境及平等的发展机会"。在 3M 公司，除了进入管理层，员工可以选择走技术发展路线，有机会获得与管理路线同等的名誉、职位、福利和竞争力。技术路线的最高职位是企业科学家，与公司总监同级。

3M 公司为了鼓励创新，每年都要举行隆重的仪式，将创新发明最突出者吸收到公司的"科学院"里，对在研发中有杰出表现的技术人员设置了很多奖励，如设立于 20 世纪 60 年代的卡尔顿奖——3M"诺贝尔奖"，用以奖励在科学上获得重大突破或作出杰出贡献的 3M 科学家；设立了"季度优胜奖""专利奖"等奖项，激励员工为公司发展作出贡献。3M 公司对优秀的技术人员除了物质激励，更注重对创新者的精神激励，比如设立全球技术卓越和创新奖——3M"奥斯卡奖"。荣获此奖的人可以和家人一起到美国去，在公司高层的陪同下乘坐 3M 公司专机到度假胜地尽情玩耍。

3M 公司还奖励推动新产品和新项目的团队，比如颁发"金靴奖""寻径奖""商业奖"以及"精英奖"等团队奖。此外，3M 公司在业绩考核上，除了 ROI（投资报酬率）等财务的定量指标，还讲究对创新人员的学习能力、协作精神、品质等定性因素的考核，同时注重"共享价值观"的形成，号召创新人员以公司为家，为公司的发展积极贡献智慧与力量。

鼓励自我创新的 15% 法则

3M 公司在创新方面的一个积极举措是，将创新列入员工的工作时间预算，鼓励员工积极探索新技术领域并且投入合理的费用。在 3M 公司，每个员工都有 15% 的工作时间可以用在自己感兴趣的技术项目或创新计划上，甚至可以申请基金作为研发费用，不管这个项目能否马上带来直接效益。如果员工创新理念和公司目前发展的重点并不很匹配，员工可以申请"开拓基金或起源基金"，得到一笔资金继续创新项目。这是为那些被正常申报程序判死刑的创意提供第二次机会的资金。在鼓励自我创新的 15% 法则下，新的创意常常从 3M 公司的基层员工当中产生，并自下而上传递。正是得益于这种良好的创新公式与法则，公司很多著名产品如"报事贴""新砂纸""闪光膜"等被不断地开发出来，单是报事贴便条纸一项每年便可以为 3M 公司带来超过 3 亿美元的收入。（图 6-2-8）

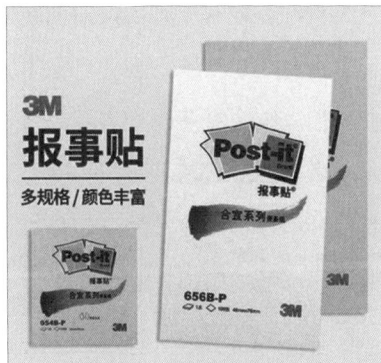

图 6-2-8　3M 公司报事贴

宽容失败的公司文化

是什么法宝让 3M 公司的新产品层出不穷？"源于 3M 公司的企业文化。"3M 公司大中华区总经理余俊雄说，"3M 公司的很多新产品并不是工程师研发出来的。如防窥屏本来是在电脑上用的，后来用在了 ATM 上，现在也被用在了手机上，这个点子就是 3M 公司中国的销售员想出来的。"在 3M 公司，个人的成功主要取决于他们的创意质量和技术水平，知识型员工是公司最重要的资产和智力资本。因此，3M 公司设法提供大量机会激发员工的智慧和潜力，营造鼓励大家踊跃发言、追求激情、用"精英智慧"来取代"贵族智慧"、高度授权的知识工作环境。

3M 公司致力于营造容忍失败和允许犯错误的具有良好创新氛围的知识工作环境。创新成果美好，但过程曲折，因而进行创新要鼓励冒险，允许失败，但绝不允许重复同样的失败。在 3M 公司，创新人员失败后，一般情况下薪金、待遇，甚至晋升都不会受影响，这使员工为创新冒险无后顾之忧。隔离胶带产品开发时，经历多次失败。每次失败后，研发人员得到的不是打击，而是鼓励与支持。正是在公司宽容失败的文化鼓舞下，研发人员不怕失败，反复试验，最终隔离胶带成功上市，并很快成为公司的核心产品，目前每年能给公司带来上亿美元的销售额。

向 3M 公司学创新

从某种意义上说，创新失败是必然的，而成功是偶然的。在 3M 公司，有超过 60% 的新产品最终都失败了，这还不包括产品研发出来前，研发实验室中不计其数的失败。失败的原因不外乎无法克服的科技障碍及发现想象中的市场并不存在等。

然而，3M 公司的成功并不是偶然的，而是由系统的机制与文化来支撑和保证的。这根源于它"宽容失败"的文化基因，通过系统的实践和创新的原理来获得支持和鼓励，并结合科技和创造力来满足客户现有和潜在的需求。这个百年企业能否继续保持既有的创新速度，很大程度上取决于其独特的创新机制及管理模式能否适应未来的动态环境。对我们而言，创新型企业才是实现我国"自主创新型国家"战略的核心和主旋律。创新是一门艺术，中国企业家们应结合企业自身实际，力争早日使自己的企业成为具有自主创新能力的"黑马"。

当然，3M 公司经过百年积累的某些特性，比如令对手望尘莫及的 47 个核心技术平台，其他公司是很难效仿的。但是，学习 3M 公司鼓励创新的企业文化，参考其创新机制设计，或许可以帮助中国企业家们使公司创新从"混沌无序的边缘"到达"有序的平衡"。

四、企业文化墙

（1）人人提案创新，成本自然降低。

（2）学习使人进步，创新促进发展。

（3）新技术，新能源，新市场，新商机。

（4）努力做创新的领导者、倡导者、发现者。

（5）唯有创新求变，才能随时领先。

（6）立足新起点，开创新局面。

五、合作实训

皖办农村有个像诸葛亮一样聪明的人，名叫"王聪明"。最近他应聘到村里的农副产品制作厂当起了主管，但他的习惯依旧没变，喜欢事必躬亲，大小事一起抓。为激发制作厂的创新活力，公司派王聪明参加培训，经两周训练后，重回岗位的王聪明急切想运用新知识和技能。星期一上班时，王聪明想："我原来的管理机制需要改进一番！"

于是他开始整理眼下工厂中出现的问题：有个供销社的老板催促好几次，要求他们设计一个成本较低又能安全运输的脐橙包装盒，王聪明觉得不能再拖。他向下属的五个工人布置任务，要求他们根据现在的脐橙保存条件和包装盒成本，重新设计一个包装盒。这五个员工对此不感兴趣，他们只想按照老标准包装脐橙，就算要拿出包装盒的讨论结果，他们也只是随便应付。第二天下午，王聪明发现他们依旧没有提出合适的方案。

答一答

1.如果你是王聪明，请问你会怎么创新管理制度，调动这五个人的积极性？

_____

_____

2.如果你是王聪明的五个员工之一，你会怎么设计一个成本较低又能安全运输的脐橙包装盒呢？

_____

_____

六、活动评价

能够理解创新机制的相关内涵，以典型案例分析创新机制在现代企业的重要作用。

能够从企业创新失败案例中找到企业创新失败的原因，进而理解机制的结构体系和组成内容。

能够理解创新机制的相关内涵，以典型案例分析创新机制在现代企业中的重要作用。

任务三 〉〉〉〉〉〉〉〉〉
培养创新思维

一、情景设计

　　项目团队成员在理解了创新的定义及相关的概述后，纷纷对如何培养创新思维，真正将创新思维运用到实践中产生了浓厚的兴趣，于是任晴老师通过系列的讲解及思维训练活动让团队成员培养创新思维。

二、任务分解

　　创新思维的障碍、创新思维方法、如何培养创新思维这三部分内容，循序渐进地揭示了创新思维如何突破各类思维障碍，运用创新思维的方法和技巧，逐步培养出创新思维。

活动一　认识创新思维的障碍

活动背景

　　　思维框架的四壁和顶盖往往限制了我们的思考，来自方方面面的障碍阻止了我们的创意，正确认识创新思维障碍的起源，并采用恰当的方法去突破，才能最大限度地激发我们的创新思维，从而产出有新意有价值的产品或理念。

活动实施

🖊 做一做

　　回答下列案例的问题，并说说创新思维遇到了什么障碍。

　　（1）有一个中小学的老师，给学生出了一道考题。一条船上有75头牛、32只羊，船长的年龄有多大？抽样调查的结果，一个班有3/4的答案，都是75减32，船长43岁。（图6-3-1）

图6-3-1　船长多少岁？

　　你的答案是：_____。

　　（2）有一个聋哑人到五金商店去买一颗钉子，他说不出话就比画。人家就给他一把锤子，他摇手。又给他一把榔头，他再摇手。他要买的是钉子，他就使劲比画。就这点东西，不是锤子不是榔头，肯定是钉子，给他了，他非常高兴，点头，高兴。现在，有一个盲人要买剪

刀，他应该怎么用最简洁的方式表达。（图 6-3-2）

图 6-3-2　盲人买剪刀

你的答案是：_____。

（3）圆珠笔漏油问题的解决

圆珠笔是 1938 年匈牙利人拉奥丁·拜罗发明的专利，采用的是活塞式笔芯。因有油墨经常外漏的缺点，曾风行一时的"拜罗笔"在 20 世纪 40 年代几乎被消费者抛弃。

方式一：分析圆珠笔漏油的原因。采用增加圆珠的耐磨性来解决，如用耐磨性能好的宝石和不锈钢材料制造圆珠，结果并不令人满意。

方式二：从控制油量方面寻找解决的办法。1950 年，日本发明家中田藤三郎发现，圆珠笔一般写到 2 万个字时就漏油，于是产生奇妙的构想，即控制圆珠笔的油量，使之写到 15000 字左右刚好写完，再换新的笔芯。

??想一想

上述哪一种方式是传统思维？哪一种方式是创新思维？为何方式二能够成功？

_____

_____

_____

【参考答案】

（1）实际上，这是一道没有答案的题。因为船夫的年龄和牛羊数量无关。

（2）实际上，他不需要比画，他直接说买剪刀，因为他是盲人，可以说话。

（3）方式二是在已有经验的基础上，寻找另外的途径。从某些事实中探求新思路、发现新关系、创造新方法以解决问题。这就是创新思维。

什么是创新思维

定义：创新思维就是不受现成的常规思路的约束，寻求对问题的全新的独特性的解答的思维过程。

创新是"创新思维"的结果，有了创新思维才会有创新。

创新思维是提高创新能力的核心和关键。（图 6-3-3）

图 6-3-3

创新思维的障碍与突破

（1）感性障碍。生活中最常见的感性障碍是成见。人们常常会根据头脑中已有的见解来观察和理解事物，也就是先入为主，会阻碍把那些表面互不相干的信息结合为一个新的整体，从而形成创新过程中的感性障碍。

突破方法：培养去权威化的质疑精神。

（2）情感障碍。常见的情感障碍是怕犯错误、怕失败、怕担责或过分追求秩序感。人们的归属需要和安全需要会下意识地阻止新思想的出现。新事物通常是对既定秩序和权威认知的威胁和否定，会受到强烈的抵制，从而形成创新的大忌——从众性人格。

突破方法：消除对错误的恐惧感，尊重个性发展，理解和宽容个人独创性和个人志愿的表现。

（3）文化与环境障碍。常见的文化与环境障碍是文化禁忌和闭合环境。某种文化禁忌的存在，狭窄的眼界与知识面，以及缺乏充足的专业知识，都会使思维的流畅性和灵活性大打折扣，从而限制并阻碍了创新思维的发展。

突破方法：培养自我意识，开阔眼界，拓展知识面，勇于探究新知识。

活动二　认识创新思维方法

活动背景

团队成员请教任晴老师，需要运用什么创新思维方法来突破创新思维障碍，从而创造符合社会需求的有价值的新观点、新事物。

活动实施

?? 想一想

回答下列案例中的问题，并思考有哪些创新思维方法。

（1）一位刁钻的顾客要求"订9块蛋糕，但要装在4个盒子里，而且每个盒子里至少要装3块蛋糕"。（图6-3-4）

图 6-3-4　4 个盒子装 9 块蛋糕

你的答案是：_____。

（2）你的面前摆着4种物品：一根纯金项链、一本平装书、一瓶百事可乐、一台电视机。请从这4种物品中找出一种"与众不同"的物品；然后，再找出两两物品之间的共同之处。（至少说出三组物品之间的相同点）（图6-3-5）

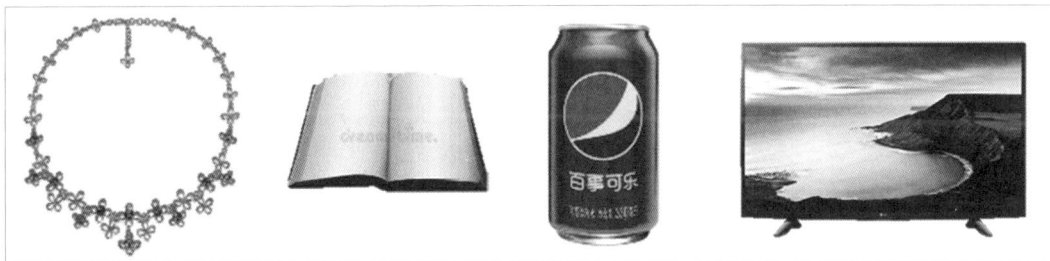

图 6-3-5　4 种物品

"与众不同"的物品是（包括原因）：_____

_____

_____。

共同之处：_____

_____。

（3）尽可能想象"△"和什么东西相似或相近。

你的答案是：_____

_____。

【参考答案】

（1）高尔基的办法：先将9块蛋糕分装在3个盒子里，每盒3块；然后再把这3个盒子一起装在一个大盒子里，用包装袋扎好。

（2）不同点：平装书是唯一用纸做成的、供人阅读的物品；百事可乐是唯一由液体构成、供人饮用的物品；纯金项链是唯一用纯金制作的、戴在身上的装饰品；电视机是唯一能把无线电波转换成声音和图像的物品。

两两相同点：平装书与百事可乐属于"价格低廉品"；平装书与电视机属于"信息用品"；百事可乐与电视机属于"诞生于现代的物品"；项链与电视机属于"贵重物品"……

（3）和"△"相似或相近的东西有馒头、涵洞、峭石、山峰、堡垒、城门、隧道口、喷水池、橱窗、问讯窗口、尼龙秋棚、坟墓、萌芽、彩虹、乌篷船、抛物线、仙鹤戏水、镜片、枪洞、子弹头、树荫、海上日出、跳水、弯腰、插秧、拱桥、盾牌、活页木铁夹、天边浮云、英文字母"D"等。回答得越多，发散思维的流畅程度越高。

□ 知识窗

创新思维方法

（1）扩散思维方法。（求异、求多、求广）扩散思维又称为发散思维、辐射思维或求异思维，是通过对已知信息进行多方向、多角度、多渠道的思考，从而悟出新问题、探索新知识、发现多种解答或得出多种结果的思维方式。例如变垃圾为宝、废铁变宝贝等。（图6-3-6）

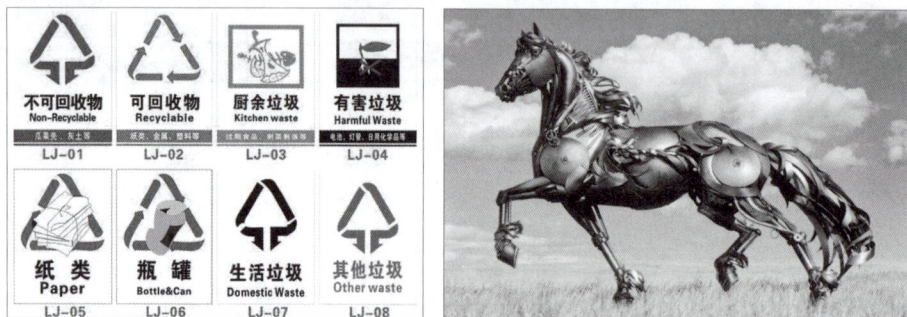

图6-3-6　变垃圾为宝

（2）收敛思维方法。（求同、求精、求是）指为了解决某一问题而调动已有的知识、经验和条件去寻求唯一答案的思维方法。

（3）联想思维方法。通过将具有相似规律或互不相关的事物彼此有目的、有方向地关联起来，从而启迪新思维，发现新现象的思维方法。

（4）逆向思维方法。创新以求新为灵魂，具有超前性。这种超前是从实际出发、实事求是的超前。

活动三　如何培养创新思维

活动背景

> 学习掌握了创新思维方法后，团队成员又对如何培养创新思维感到好奇和疑惑，这也是他们参加该培训的迫切需求。

活动实施

?? 想一想

运用创新思维和技巧，参考图中提示，填写下列问题。

（1）在方框内填写与天空有关的事物：

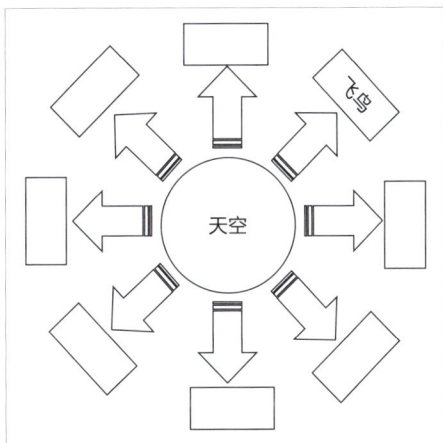

（2）在连线的结点和端点处填写与收入有关的事物：

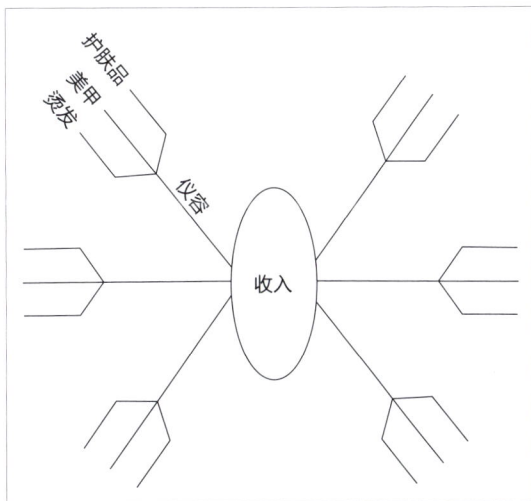

⊡ 知识窗

创新的技巧

（1）主题联想（表6-3-1）

（2）思维导图（表6-3-2、图6-3-7）

表6-3-1 主题联想步骤

①写下创意主题
②随机输入一些名词
③写下名词的所有特性
④与主题关联产生新联想
⑤找到适合的创意

表6-3-2 思维导图特点

从中间开始
线条由粗到细
运用弯曲线条
多色彩
多图片

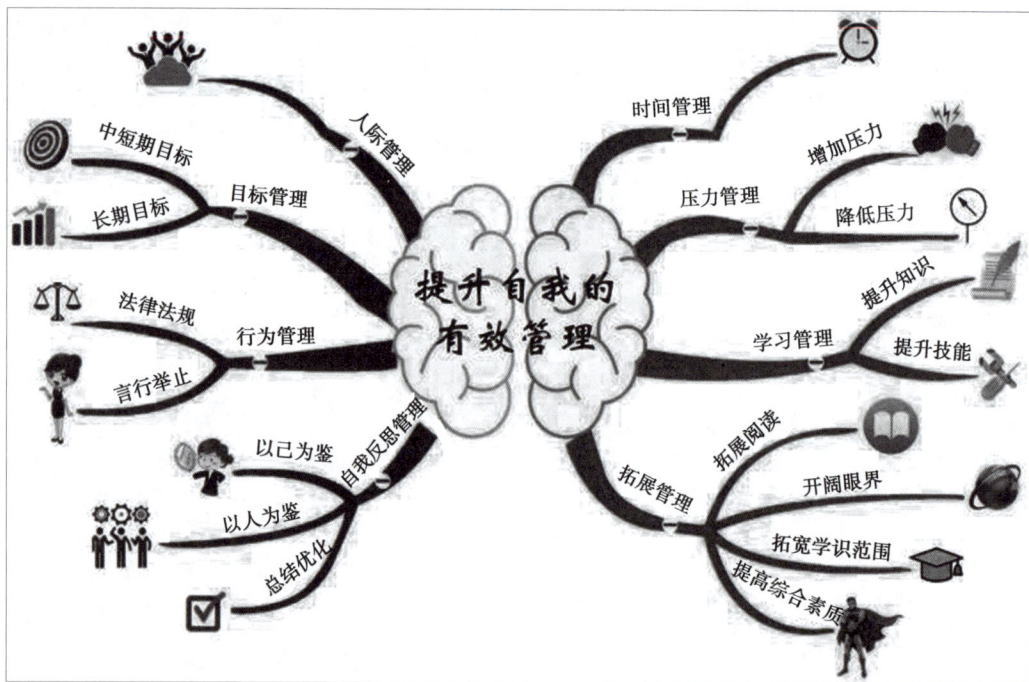

图6-3-7 思维导图示例

（3）奥斯本检核表（表6-3-3）

表6-3-3 奥斯本检核表

序号	检核项目	含义
1	能否他用	现有的事物有无其他的用途；保持不变能否扩大用途；稍加改变有无其他用途
2	能否借用	能否引入其他的创造性设想；能否模仿别的东西；能否从其他领域、产品、方案中引入新元素、材料、造型、原理、工艺、思路

续表

序号	检核项目	含义
3	能否改变	现有事物能否做些改变,如颜色、声音、味道、式样、花色、音响、品种、意义、制造方法,改变后效果如何
4	能否扩大	现有事物可否扩大适用范围;能否增加使用功能;能否添加部件;能否延长它的使用寿命;能否增加长度、厚度、强度、频率、速度、数量、价值
5	能否缩小	现有事物能否体积变小、长度变短、重量变轻、厚度变薄以及拆分或省略某些部分(简单化);能否浓缩化、省力化、方便化、短路化
6	能否替代	现有事物能否用其他材料,如元件、结构、力、设备力、方法、符号、声音等是否可以被代替
7	能否调整	现有事物能否变换排列顺序、位置、时间、速度、计划、型号;内部元件可否交换
8	能否颠倒	现有事物能否从里外、上下、左右、前后、横竖、主次、正负、因果等相反的角度颠倒过来用
9	能否组合	现有事物能否进行原理组合、材料组合、部件组合、形状组合、功能组合、目的组合

针对某种特定要求制订的检核表,主要用于新产品的研制开发。在创造过程中对照9个方面的问题思考新设想、新方案。

【拓展游戏】

(1)运用主题联想技巧,参考示范例子,写出新创意。

示范例子:设计一款新型手机。(表6-3-4)

表6-3-4 运用主题联想技巧设计新型手机

名词	特性	创意想法
衣服	可以折叠收藏	可以折叠的手机
	有口袋	附有口袋,可以装随身小物品的手机
	不怕摔	掉在地面不怕摔的手机
	脏了可以洗	脏了可以洗或不怕水的手机,以及可以干洗的手机
	可以装饰美化	带在身上某处,可以作装饰的手机
	有的衣服可以用来标识团体(如制服、校服)或显示身份	专门给学生用的手机,让人一看就知道身份的手机

续表

名词	特性	创意想法
衣服	有贴身的内衣	别人看不出来的贴身手机，如放在衣服里层或帽子里层
	有连身的，也有衣裤分离的	手机的各种配件可以分离，也可以结合使用
	男女有别，老人小孩子有别	男女有别的手机造型；情侣手机
	不同场合穿不同衣服	适合不同场合使用的手机外壳

注：圆圈标示的是较适合的创意。

基本要求：主题为设计一款礼品U盘。

① 设计自由词表，名词要写出15个以上（例如：篮球、衣服、家具等）。

② 自由词表中的名词与主题毫无关联最好，不要写抽象名词，名词之间要不相似。

③ 挑选其中一个名词，写出该名词的至少10个特征。

④ 根据主题与名词个性之间的联想，写出相应的创意想法。

⑤ 用圆圈挑选较适合的创意。

（2）运用思维导图技巧，参考示范例子，用思维导图描绘出新的创意主题——策划一场特别的面膜产品宣传活动。

示范例子：（创意主题）开一家特色餐厅。（图6-3-8）

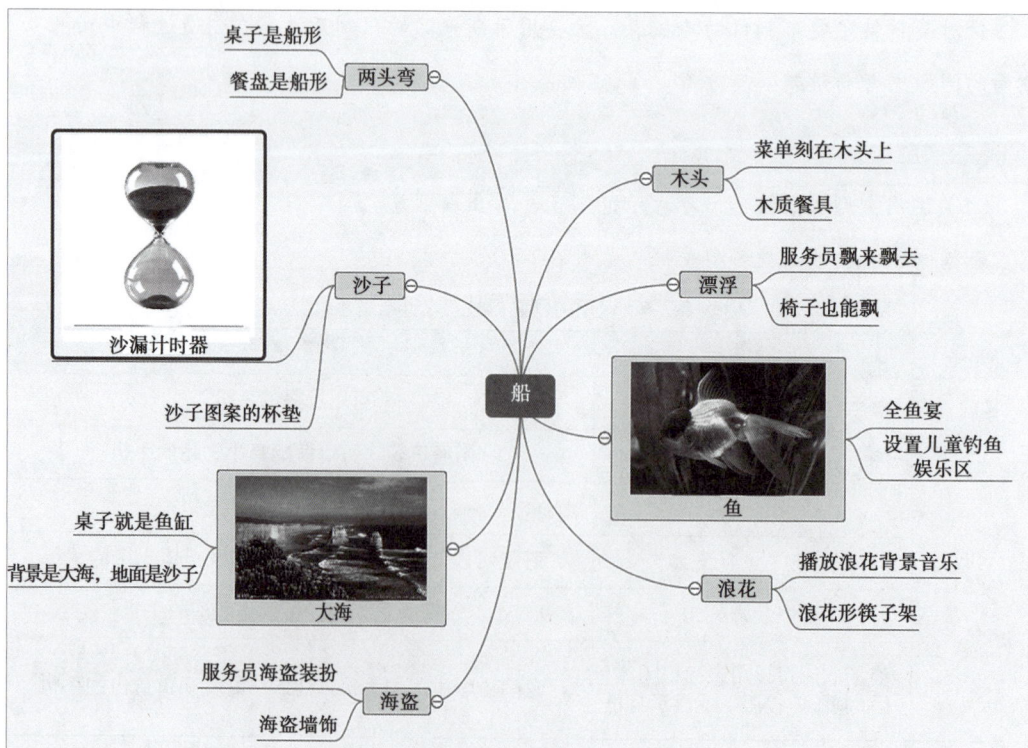

图6-3-8　运用思维导图技巧设计特色餐厅

三、经典案例

电子商务领域的创新案例

历史经验表明，创新是世界经济长远发展的动力，不论是技术创新、商业模式创新，还是机制体制创新，都深刻改变世界，影响人们生活。抓住了创新，就抓住了牵动经济发展全局的"牛鼻子"。

2020 年，新冠肺炎疫情暴发，全球线上线下消费格局加速重构，电子商务成为全球消费增长新领地；贸易保护主义抬头，进一步对全球贸易以及供应链造成严重损害。国内电子商务模式创新、业态创新成为全球经济新的牵引，新的增长力。

（一）产品的创新——奥利奥饼干变唱片

"扭一扭、舔一舔、泡一泡。"

作为一个饼干品牌，奥利奥显然是相当会享受生活的。不过，谁都没想到，奥利奥竟然利用黑科技打出了一副怪牌！

这次奥利奥竟然突发奇想，把饼干比作了黑胶唱片，做起了留声机音乐盒。只需要将奥利奥饼干放在托盘上，然后将开唱针拨到饼干正上方，美妙的音乐就会即刻响起。（图6-3-9）

更神奇的是，这个音乐盒不像一般的音乐盒只有单曲，每当你咬一口奥利奥，唱片机播放的音乐还会发生变化。（图 6-3-10）

图 6-3-9 奥利奥饼干唱片机

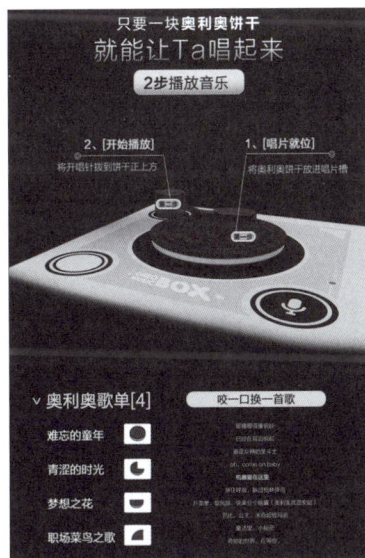

图 6-3-10 奥利奥歌单

虽然官方只提供了四首歌单，但如果足够细心，你还会发现隐藏曲目。这么有趣的音乐盒，刚上架没多久，2 万盒就被全部抢光了。一补货，立马抢完。

图 6-3-11　唱片机的感应点

饼干能唱歌的原理到底是什么？有人拆开了这个现在已经被炒到原价 4 倍之高的音乐盒，然后在盒里发现了玄机。那就是，感应点！（图 6-3-11）

被遮住的感应点数量不同，播放的歌曲也会不同！遮一个，放第一首；遮两个，放第二首……这么一想，说不定咬一个"细腰"形的奥利奥就能找到隐藏曲目了！

创意改变生活，这也充分体现了奥利奥的性格，用小朋友的方式来看世界。

（二）营销模式的创新——喜茶＋的跨界联名营销

喜茶＋文和友博物馆：臭豆腐蛋糕

2019 年，网红奶茶喜茶又在长沙开新店，还联合文和友臭豆腐博物馆共同推出限定产品——臭豆腐蛋糕。虽然看上去是臭豆腐，其实都是巧克力的伪装，内部还是甜甜的慕斯。（图 6-3-12）

喜茶＋百雀羚：联名款产品

2018 年底，喜茶宣布与百雀羚推出了一系列联名款产品，包括联名款喜雀礼盒、喜茶会员卡，也包括线下喜茶门店的特别菜单、茶饮的杯套。

在这款联名设计中，设计了"阿喜""阿雀"两个虚拟角色，同时在文案中也有喜茶"打开市场的经典产品"芝士茶、百雀羚的"奇迹水"等产品露出。外包装上印有"致敬经典""芝士茶""百雀羚"这些词，以及联名百雀羚的会员卡限量 500 张，餐饮券的设计也能让人感受到，这还是"很喜茶"，而不是让人感觉一头雾水，不知道是什么。喜茶的微信小程序"喜茶灵感铺"上线 10 分钟，会员卡就售罄。（图 6-3-13）

图 6-3-12

图 6-3-13　喜茶的百雀羚复古礼盒

四、企业文化墙

（1）唯有创新与梦想不可辜负。

（2）思路决定出路，创新才有出路。

（3）学起于思，思源于疑。

（4）创新铸就卓越。

（5）动力之源是好奇。

（6）永远不要在权威面前发抖。

五、合作实训

从本土企业经营的运动品牌中任选一款产品，运用主题联想或思维导图等创新技巧，参考德芙巧克力系列成功营销案例（如德芙珠宝篇、德芙＋二次元营销等），模仿制作出主题产品的营销广告。最后提交要求如下：

（1）1份Word文档，阐述所使用的创新技巧，以表格或思维导图的方式呈现。

（2）1个1分钟之内的主题运动产品广告视频。模仿德芙广告中"巧克力＋其他"的创意，视频的精致、清晰程度不作要求，只考核广告的创意。（图6-3-14、图6-3-15）

图 6-3-14

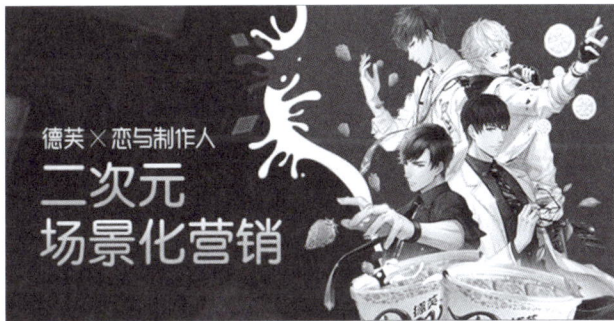

图 6-3-15

六、活动评价

在活动实施中，设置一些有趣的问题和接地气的实训任务，循序渐进地引导学习者打破思维框架，突破创新思维的障碍，激发学习兴趣，运用科学的创新思维方法和技巧，逐步形成自身的创新思维习惯，从而产出有创意、有价值的产品或理念。